Tratamento psicanalítico de crianças autistas
Diálogo com múltiplas experiências

Tânia Ferreira
Angela Vorcaro

Tratamento psicanalítico de crianças autistas
Diálogo com múltiplas experiências

4ª reimpressão

autêntica

Copyright © 2017 Tânia Ferreira
Copyright © 2017 Angela Vorcaro

Todos os direitos reservados pela Autêntica Editora Ltda. Nenhuma parte desta publicação poderá ser reproduzida, seja por meios mecânicos, eletrônicos, seja via cópia xerográfica, sem a autorização prévia da Editora.

EDITORA RESPONSÁVEL
Rejane Dias

EDITORA ASSISTENTE
Cecília Martins

REVISÃO
Lucia Assumpção
Carla Neves
Mariana Faria
Renata Silveira

CAPA
Alberto Bittencourt
(Sobre pintura de Olivia Loureiro Viana)

DIAGRAMAÇÃO
Waldênia Alvarenga

Dados Internacionais de Catalogação na Publicação (CIP)
Câmara Brasileira do Livro, SP, Brasil

Ferreira, Tânia
  Tratamento psicanalítico de crianças autistas : diálogo com múltiplas experiências / Tânia Ferreira, Angela Vorcaro. -- 1. ed.; 4. reimp. -- Belo Horizonte : Autêntica Editora, 2024.

  Bibliografia
  ISBN 978-85-513-0161-6

  1. Autismo - Diagnóstico 2. Autismo - Tratamento 3. Autismo infantil 4. Crianças autistas 5. Psicanálise I. Vorcaro, Angela. II. Título.

17-08113
CDD-618.928982
NLM-WM 203.5

Índices para catálogo sistemático:
1. Crianças autistas : Tratamento : Psicanálise infantil : Medicina 618.928982

Belo Horizonte
Rua Carlos Turner, 420
Silveira . 31140-520
Belo Horizonte . MG
Tel.: (55 31) 3465 4500

São Paulo
Av. Paulista, 2.073 . Conjunto Nacional
Horsa I . Salas 404-406. Bela Vista
01311-940 . São Paulo . SP
Tel.: (55 11) 3034 4468

www.grupoautentica.com.br
SAC: atendimentoleitor@grupoautentica.com.br

Ela contemplava o nada desde a noite dos tempos,
ela estava ali sem ser.
Ela reinava sobre um mundo de sonhos, de sombras
e de fantasias
Cujas criaturas mais complexas eram apenas
cores e ruídos e sem significação humana.

Donna Williams

Agradecimentos

Aos colegas que gentilmente participaram do início da pesquisa.

À Coordenação de Aperfeiçoamento de Pessoal de Nível Superior (CAPES), pelo financiamento da pesquisa e de seus produtos. À Universidade Federal de Minas Gerais (UFMG), nas pessoas de seu Reitor e da Pró-Reitoria de Pós-Graduação, pelo compromisso e sustentação do Programa Nacional de Pós-Doutorado (PNPD).

Agradecemos ao Programa de Pós-Graduação em Psicologia da Faculdade de Ciências Humanas (FAFICH) da UFMG, através de seus coordenadores e colegiado, que acolheram a proposta da pesquisa sobre o Tratamento Psicanalítico de Crianças Autistas e a Residência Pós-Doutoral. Agradecemos em especial aos professores do Laboratório de Psicopatologia da Infância, onde nossa pesquisa foi inscrita.

À professora Márcia Rosa, que aceitou a Vice Coordenação do Projeto de Pesquisa, possibilitando seu envio e aprovação pela CAPES.

Aos colegas que gentilmente participaram da pesquisa: Adriana Mariano Zocrato (Prefeitura de Belo Horizonte/PBH), Moema Guerra, Luciana Gonçalves de Oliveira (CAPSi de Itabira); Silvia Pereira de Melo (CERSAMI Betim); Rafael Saliba (FAENOL) e todos que contribuíram para o início da pesquisa.

Aos psicanalistas que generosamente aceitaram participar da pesquisa e partilharam conosco sua experiência, seu saber e suas apostas no tratamento dos autistas: Cláudia Messias, Cristina Abranches, Cristina Paixão Drummond, Cristina Vidigal, Cristina Ventura, Paula Ramos Pimenta, Suzana Faleiro Barroso, Nádia Figueiredo, Regina Macêna, Sandra Pujoni, Silvia Myssior, Maria do Rosário Collier do Rêgo Barros, Nympha Amaral, Nathália Armony, Jeanne Marie de Leers Costa Ribeiro, Paula Borsoi, Ana Beatriz Freire, Vera Vinheiro, Katia Alvares de Carvalho

Monteiro, Maria Eugênia Pesaro, Leda Maria Fischer Bernardino, Mônica de Barros Cunha Nezan, Fábio Saad, Camila Saboia, Ana Beatriz Coutinho, Julieta Jerusalinsky, Cristina Keiko, Adela Stoppel de Gueller, Mira Wajntal.

Aos alunos e alunas que trabalharam na pesquisa, desde seu início, a quem agradecemos através destas: Amanda Cristina, Alice Portugal, Karen Resende, Vanessa Biscardi, Patrícia Mafra Amorim, Raquel Alves Gonçalves, Gabriela Fonseca.

A Joanna Ângelo Ladeira, que com delicadeza participou da pesquisa de forma direta, principalmente no trabalho de transcrição.

Agradecemos também a Olívia Loureiro Viana, que nos presenteou com o desenho da capa.

Por fim, nossos agradecimentos à equipe da Editora Autêntica, em especial Rejane Dias, Luciana Baeta, Waldênia Alvarenga, Cecília Martins e Alberto Bittencourt, pelo cuidado com esta edição, e Lúcia Assumpção, pela revisão ortográfica.

Sumário

11 PREFÁCIO – A singularidade do autismo
Katia Alvares

13 INTRODUÇÃO – A pesquisa como uma aposta antecipada

25 Autismos, psicanálise e pesquisa: um campo aberto
à investigação e à escuta
25 Pesquisa e psicanálise
28 Entrevista clínica em pesquisa
30 O sujeito na pesquisa
32 Do campo à escrita: tratando os dados da pesquisa

35 Autismo: um conceito ainda impreciso
e a contenda do diagnóstico
38 A visão de Kanner sobre bebês e crianças
pequenas autistas: a ausência de atitude antecipatória e a
relação particular com a linguagem
43 As crises no entendimento de Kanner
44 A obsessão ansiosa de permanência
45 A alfabetização e a leitura na visão de Kanner
46 A boa relação com os objetos segundo Kanner
47 O modo diferente de relação dos autistas com as pessoas
48 As boas potencialidades cognitivas dos autistas em Kanner
50 Algumas considerações de Kanner sobre a etiologia do autismo
51 O crédito de Kanner na evolução e no progresso de crianças
autistas

53 O que os autistas nos ensinam
53 O poço escuro do autismo descrito pelos autistas e seus pais
57 Os pais de autistas e a angústia
59 O diagnóstico de autismo e as incidências sobre a família

61 A sabedoria silenciosa dos autistas

63 Os autistas e o impossível de suportar

67 A psicanálise e os autismos

67 Impasses do diagnóstico em vários campos
e suas incidências na psicanálise

71 Autismo não é psicose

73 Os psicanalistas e a áspera matéria do enigma do autismo:
procurando as causas

76 O que dizem os psicanalistas sobre as características dos autistas

89 O tratamento psicanalítico de crianças autistas: diálogo com múltiplas experiências

89 As crises do sujeito nos autismos: por que não podemos calá-las

96 O autista e o recurso do duplo

100 Notas sobre o corpo do analista na lógica do tratamento de
crianças autistas

101 Algumas considerações sobre a prática entre vários

101 Intervenção a tempo

102 O tratamento psicanalítico de crianças autistas: premissas

105 A clínica dos detalhes: um tratamento para cada criança autista

108 Crianças que incluem: atravessando a exclusão de crianças autistas
na escola – contribuições da psicanálise para a educação

117 Referências

Prefácio
A singularidade do autismo

Katia Alvares[1]

O livro *Tratamento psicanalítico de crianças autistas: diálogo com múltiplas experiências*, de Tânia Ferreira e Angela Vorcaro, é uma rara e preciosa iniciativa que nos chega em um momento importante e muito propício.

A progressão exponencial do diagnóstico do espectro do autismo tem exigido uma posição de enfrentamento por parte da comunidade psicanalítica. Tal expansão, por um lado, coloca em evidência um quadro que até então encontrava na raridade de suas características uma posição singular a partir do estudo *princips* de Leo Kanner (1997); por outro, encontra no campo clínico, sob a influência do Manual Diagnóstico e Estatístico de Transtornos Mentais (DSM, na sigla em inglês), uma "epidemia" a partir do aumento significativo, em escala mundial, da extensão classificatória do nomeado Transtorno do Espectro Autista sob o acrônimo TEA.

O autista encerrado no espectro encontra a condição da deficiência e, como tal, fica sujeito a incontáveis prescrições normativas diante da impossibilidade de uma escuta e do apagamento subjetivo. Nesse cenário, a psicanálise é afastada e os protocolos de comportamento são aparelhados e sustentados na promessa de uma regulação "biogenético-ambiental", dando lugar ao aparato instrumental estatístico de que tanto reclamam e reivindicam os tratamentos de abordagem única.

---

[1] Psicanalista, supervisora do Projeto Circulando: atendimento para jovens autistas e psicóticos em direção ao laço social (Universidade Federal do Rio de Janeiro). Grupo Gestor Ampliado do Movimento Psicanálise, Autismo e Saúde Pública (MPASP).

Apostando na diversidade de abordagens, a psicanálise recusa toda e qualquer tentativa de incluir o autista em uma norma homogeneizante que catalisa e instrumentaliza tais hipóteses causais para transformá-las em um vetor de intensidade, direção e sentido único, o que exclui a experiência soberana da clínica singular do sujeito.

As psicanalistas Tânia Ferreira e Angela Vorcaro se lançam ao trabalho. Constroem e produzem um diálogo múltiplo, extraindo das experiências de psicanalistas de diferentes orientações teóricas certo saber-fazer no cotidiano clínico com crianças autistas e suas famílias.

A delicadeza e a propriedade deste trabalho residem na inclusão, neste diálogo, dos testemunhos vivos de autistas e de seus pais, de maneira a revelar o lugar que a psicanálise dá a esses sujeitos que se colocam árdua e continuamente em trabalho, através de suas invenções inéditas e singulares frente ao real que os assola, secretariados pelo psicanalista que oferece, de forma regulada, sua escuta e sua presença.

Testemunhamos uma escrita polifônica na representatividade plural e múltipla presente no texto, que também abriga a particularidade de uma investigação que coloca em curso a perspectiva dialética de conceitos submetidos e articulados ao trabalho clínico ao abordar as imprecisões, concordâncias e discordâncias, diferenças e semelhanças de proposições presentes na clínica do autismo, fazendo assim avançar a teoria e a clínica.

Através de um rico trabalho de elaboração, Tânia e Angela, a partir de suas próprias experiências de psicanalistas, cada uma com seu estilo, fazem entrever o *work in progress* da clínica psicanalítica dos autismos e oferecem as balizas clínicas que permitem localizar a resposta singular de cada sujeito, privilegiando as condições, os recursos e os instrumentos inventados por ele próprio em nome de sua defesa, mas também sob a chancela de um enlace, de forma singular, ao social.

Ao final, o livro nos brinda com uma reflexão acerca da psicanálise em extensão no trabalho com a escola. As autoras levantam as questões e os impasses na inclusão do autista e apontam para o trabalho na interface da psicanálise com outros campos de saber. A parceria interinstitucional realizada com a comunidade escolar (professores, coordenadores pedagógicos, inspetores, diretores) permite o reconhecimento e o acolhimento das soluções encontradas, tanto pela criança quanto pelos professores, no manejo dos impasses.

Introdução
A pesquisa como uma aposta antecipada

Este livro é fruto de um longo trabalho de pesquisa[1] realizado através do Programa Nacional de Pós-Doutorado (PNPD), financiado pela CAPES, ligado ao Laboratório de Psicopatologias da Infância e à Residência Pós-Doutoral do Programa de Pós-Graduação em Psicologia, Psicanálise e Cultura da FAFICH/UFMG.

A pertinência clínica e política desta pesquisa, *O tratamento psicanalítico de crianças autistas*, já havia se firmado frente à concretude de nossas experiências, de um lado, na supervisão clínico-institucional de Serviços Públicos de Saúde Mental, e de outro, na formação de psicólogos e de outros profissionais através de cursos de graduação e Programa de Pós-Graduação, estágios supervisionados ou mesmo em iniciativas de "capacitação" de redes públicas de saúde mental (ESP) e educação.

No ano 2011, quando apresentamos o projeto de pesquisa, destacamos que, se durante décadas a fio crianças autistas estavam escondidas sob o manto da deficiência, hoje elas chegam em grande número aos Serviços Públicos de Atenção em Saúde Mental – Centros de Referência em Saúde Mental da Infância e Adolescência (CERSAMIs); Centro de Apoio Psicossocial à Infância e Adolescência (CAPSis); nas unidades básicas de Saúde (equipes complementares) e em várias instituições governamentais e não governamentais, além de escolas "especiais" e regulares ditas "inclusivas". Chegam também às clínicas-escolas – lugares privilegiados de formação e tratamento dentro das universidades. Algumas permanecem muitos anos sob os

---

[1] Iniciada em novembro de 2011 e concluída em outubro de 2016.

cuidados do Estado ou de profissionais no âmbito privado, entre eles, os psicanalistas.

Justificávamos a pesquisa também no fato de que os pais viviam verdadeira errância à procura de um profissional ou serviço capaz de acolher e tratar a criança, a partir de um cuidadoso diagnóstico. Ao contrário disso, após terem perambulado de um canto a outro, viviam intenso sofrimento com os impactos de um diagnóstico oferecido sem nenhum cuidado e cautela.

Naquela ocasião já apontávamos que as enormes dificuldades concernentes ao tratamento de autistas e à sua evolução e progresso eram atribuídas muito mais ao "espectro do autismo" que aos procedimentos clínicos e modalidades de tratamento.

Com a pesquisa, ousamos uma primeira torção: sem deixarmos de considerar as dificuldades advindas dos autismos, centramos a questão da pouca evolução das crianças autistas – não tão raras – mais nos procedimentos clínicos e nos tratamentos, tentando identificar as experiências exitosas.

Nos serviços públicos e nos espaços de formação, fomos constatando que um grande número de crianças ficava em tratamento durante longos períodos de tempo – por vezes da infância ao fim da adolescência ou de um serviço de assistência a outro, até a vida adulta – sem resposta satisfatória, embora muitos esforços sejam mobilizados nas "redes de cuidados".

Ao mesmo tempo, vimos que indicações precisas dos procedimentos clínicos, da ampliação das possibilidades no tratamento dessas crianças, encontram-se dispersas na literatura sobre o tema e, muitas vezes, nas entrelinhas dos relatos de casos clínicos e sociais. A direção de tratamento, a partir das distintas posições teóricas que habitam o campo da psicanálise de orientação lacaniana, muitas vezes não são claramente explicitadas, quiçá formalizadas por aqueles que teorizam o tema.

Nesse universo de controvérsias e contradições, fez-se necessário buscar as bases teóricas e, decorrentes destas, a direção de tratamento oferecido a essas crianças no sentido de contribuir para fazer avançar a clínica psicanalítica, a formação de profissionais e educadores e a mudança na trajetória das crianças angustiadas e aprisionadas pelo sofrimento psíquico. Isto é o que se pretendeu com o projeto de pesquisa.

Assim, a pesquisa nasceu do dever ético de extrair, das experiências de psicanalistas de diferentes escolas, certo "saber-fazer", uma "sistematização" do que ocorre na prática clínica com as crianças e suas famílias para deixar chegar aos envolvidos com o tema.

Pouco tempo se passou e o cenário político nacional e internacional foi desenhando novos argumentos para justificar a relevância da pesquisa e demonstrar como ela se constituiu numa *aposta antecipada*.

Em janeiro de 2012 a França toma o autismo como "grande causa nacional". Laurent (2014, p. 17) assinala que, nessa ocasião, a mídia sustentou uma campanha de "fortes enfrentamentos na esfera pública". Reduzindo o autismo ao contexto dos "transtornos invasivos do desenvolvimento", como figura no DSM e na abordagem contemporânea que "não quer considerar [...] outras causas senão as biológicas, genéticas e ambientais" (p. 28), a mídia forçava uma política na qual a clínica deve dar lugar às "terapias" comportamentais e educativas.

Obviamente, nesse horizonte, a psicanálise foi excluída e, embora desde 1950 venha se interessando por esse sujeito que padece de autismo e empreendendo esforços para precisar suas dificuldades e buscar formas de tratá-lo, ela foi posta "fora de cena" em nome de outros e vários interesses que os das crianças, jovens e adultos autistas e seus familiares.

Psicanalistas franceses e de outros lugares da Europa, desde então, travam uma "batalha"[2] sobretudo a favor da pluralidade de abordagens e da presença de interlocutores de diferentes campos epistemológicos e, por que não dizer, em favor de sua importante presença teórica e clínica nesta batalha.

O Brasil, dado seu "eurocentrismo", logo cedo foi afetado por tais interesses internacionais e o cenário político e clínico foi ganhando nova configuração.

Em setembro de 2012, o *Diário Oficial do Estado de São Paulo*,[3] através do Departamento Regional de Saúde da Grande São Paulo, publica uma convocação pública para credenciamento de "Instituições

---

[2] O termo "batalha" é usado por Éric Laurent (2014) como título de seu livro publicado no Brasil *A batalha do autismo: da clínica à política*, por compreender que é um termo que insiste nos depoimentos dos pais de crianças e jovens autistas para nomear seu cotidiano e suas lutas.

[3] Diário Oficial do Estado de São Paulo (2012).

Especializadas em Atendimento a Pacientes com Transtorno do Espectro Autista" (TEA). Nesse edital, a qualificação técnica exigida para orientação da abordagem dos pacientes era de "psicólogos com especialidade em terapia cognitivo-comportamental" e "fonoaudiólogos com conhecimentos em linguagem pragmática".

Não bastasse, o edital tinha como exigência uma "declaração do responsável legal de que utilizará métodos cognitivos comportamentais validados na literatura científica".

O acontecimento fez nascer, a partir de uma mobilização nacional de diferentes profissionais, o Movimento Psicanálise, Autismo e Saúde Pública (MPASP). A indignação dos profissionais não se referia apenas ao fato de que o Estado não pode legislar sobre a abordagem teórica ou clínica a ser utilizada por um profissional, mas, especialmente, por tal posição delinear uma política contrária às exigências que o autismo, por sua gravidade, impõe. Uma política que fixa o destino de exclusão de crianças, jovens e adultos retirando deles e de suas famílias a possibilidade de escolha do tratamento e cuidado que considerem mais pertinentes.

O MPASP, em uma de suas diretrizes, "apoia e recomenda vivamente a pluralidade, a diversidade e o debate – científico e metodológico – das abordagens de tratamento da pessoa com autismo e também nos critérios diagnósticos empregados em suas avaliações". Nessa perspectiva, consegue, como primeira conquista, a derrocada do edital, através de abaixo-assinado nacional.

Hoje, esse movimento ocupa lugar importante no cenário político, mobilizando opiniões e produções científicas sobre o tema, através de vários eventos e publicações que contam com representantes de várias instituições psicanalíticas espalhadas pelo país, interferindo, assim, no rumo das políticas públicas e de tratamentos dirigidos a autistas.

É, pois, nesse cenário político transfigurado que esta pesquisa se estabeleceu, cumprindo seu dever ético de fazer avançar as proposições clínicas e políticas sobre os autismos, contribuindo para mudanças significativas em sua rota e, com ela, na rota das crianças autistas e de suas famílias.

A psicanálise não se dobra jamais, em absoluto, aos reclames de seu apagamento do campo científico, político e clínico referente aos autismos e segue seu destino de permanecer no passo de sua função: manter o humano vivo e pulsante frente às tentativas vigorosas de fazer desaparecer toda subjetividade e secar a vida desses sujeitos, reduzindo-os a "cérebros sem vida"[4] ou a "deficientes" a serem adaptados.

Esta pesquisa traduz e leva à sociedade os esforços de vários psicanalistas que, dela participando, aceitaram o desafio de localizar, a partir de sua prática clínica e teórica, elementos importantes para pensar e fazer frente aos enigmas do tratamento dos autismos.

Mirra (2014, p. 26), ao referir-se aos "traços típicos do empreendimento científico em nosso tempo", sublinha a delicadeza de uma construção de qualquer *corpus* científico", não nos deixando esquecer que tal construção tem suas "errâncias" e balizamentos do terreno que impõem constante exercício de "cautela e discernimento" e, acrescentamos, de indagações e debates profícuos como são as práticas que lhes servem de andaimes.

Solidárias às ideias desse autor – na sua leitura de outros – quando nos diz que "o saber não é fruto de intuições solitárias, mas resulta, pelo contrário, do aprendizado do trabalho cooperativo" (Mirra, 2014, p. 26), fomos ao encontro de psicanalistas cujas trajetórias e inserção no campo psicanalítico são efetivas.

Fundadas na premissa de que é a "dimensão coletiva que comanda todo processo de conhecimento" (Mirra, 2014, p. 26), ousamos ir aos consultórios e instituições, em três grandes estados brasileiros,[5] encontrar e escutar as saídas criativas dos psicanalistas frente ao drama de cada sujeito autista, e trazer nos volteios deste texto o diálogo com as múltiplas experiências visitadas e o que se pôde extrair delas para o tratamento psicanalítico de crianças autistas.

Embora os psicanalistas pesquisados tenham oferecido uma variedade enorme de vinhetas e fragmentos clínicos, optamos aqui por trabalharmos menos com esses fragmentos por questões de sigilo, e mais com a literatura de autistas e de seus pais. Um grande número de autobiografias e depoimentos de autistas e de pais e mães de autistas de diferentes idades foi publicado no Brasil nos últimos anos. Esses escritos não somente nos ensinam, mas nos interpelam, a todo momento, sobre nossas concepções, teorias e posicionamentos frente

---

[4] Termo utilizado por Marcus André Vieira e Rômulo Ferreira da Silva na "Nota ao leitor brasileiro", do livro *A batalha do autismo: da clínica à política* (2014).

[5] A presente pesquisa foi realizada em Minas Gerais, Rio de Janeiro e São Paulo.

à sensível e contundente vida cotidiana dessas crianças e de seus pais. No ato vivo de seus relatos, extraímos muitas consequências para a prática clínica psicanalítica e para a prática teórica. Esperamos poder não só divulgar esses livros ao citá-los, mas também fazer deles uma bússola a nos conduzir neste.

Ao lado da vasta literatura de autistas e seus pais, as teorizações sobre os autismos têm se multiplicado muito, também no campo da psicanálise. Confessamos estar sendo difícil acompanhar a produção, dada a rapidez com que tem chegado a nós. Ainda assim, e no mesmo movimento, a literatura tem se mostrado insuficiente frente aos enigmas que tais crianças colocam e, sobretudo, frente aos tratamentos oferecidos, bem como às intervenções de especialistas.

A transmissão que o campo da ciência faz para os pais e responsáveis é de que, quanto mais intervenções, mais especialidades, mais possibilidades de evolução. Afogados num mar de especialistas que, por vezes, sequer discutem o caso, os pais não têm um projeto terapêutico para a criança, e se esgotam. Diz a mãe:

> Uma vez recebido o diagnóstico de autismo, uma horrível estranheza toma conta de todo mundo da família. Você come, respira e dorme autismo. Luta contra o autismo a cada momento desperto e quando adormece sabe que poderia – *que deveria* – ter feito mais. Como existem muitas provas de que a melhora depende da quantidade de intervenção que a criança recebe antes dos cinco anos, a vida com uma criança autista é uma constante corrida contra o relógio para fazer mais, mais, mais (BARNETT, 2013, p. 40).

Um risco sempre presente é de que, à deriva, nesse mar de especialidades e especialistas, os pais vão tendo suas esperanças minadas e a derrocada do ideal. Como viver sem o consolo do ideal?, perguntamos.

Balbo e Bergès (2003) acentuam a multiplicidade de discursos sobre o tema do autismo e a pouca força de convencimento das bases teóricas desses discursos, quer seja fundamentado por um pensamento "organicista, genético, desenvolvimentista ou psicanalítico". Para os autores, o que decorre disso é a ausência de coerência entre as distintas práticas de cuidado ofertadas.

A multiplicidade de teorizações – ora assentadas em concepções organicistas, onde estão em jogo causas genéticas para uma "deficiência" tida como inata, ora sob a consideração do autismo como um déficit, principalmente de interação com o ambiente, exigindo terapêuticas comportamentais – faz com que o terreno conceitual e clínico seja, ainda, um terreno nebuloso.

Sublinhamos o fato de que leituras como essas, de que o autismo seria causado por desarranjos no sistema nervoso central, têm levado muitos teóricos e profissionais a considerá-lo um déficit, e determinar que esteja sob a égide da neurologia.

No campo da psicanálise, embora psicanalistas se oponham a uma leitura ancorada na concepção do autismo como déficit, interessando-se, desde o diagnóstico, pela posição do sujeito, nem por isso o campo das elaborações teórico-clínicas deixa de ser, também, um campo minado, de difícil trânsito.

Entre os psicanalistas de orientação lacaniana – a que nos interessa aqui –, pudemos identificar controvérsias sobre o autista ser um sujeito ou "um ser antes do sujeito"; um sujeito "inconstituído". Discordâncias quanto ao autismo ser ou não uma estrutura clínica; quanto a ser ou não inscrito no campo das psicoses; ser uma "a-estrutura" ou uma forma extrema de esquizofrenia – o que outros contestam –; e ainda quanto a outras concepções. O leitor poderá acompanhar, nos volteios deste livro, essas proposições, constatando, ele mesmo, como se trata de um delicado campo, contudo, aberto à investigação e à pesquisa.

Poderíamos ainda elencar inúmeras posições e entendimentos quanto ao corpo, à imagem, às operações de constituição do sujeito, definidas por Jacques Lacan – alienação e separação –, assim como quanto à linguagem, ao laço possível ou não com o Outro, bem como ao lugar da mãe e ao fracasso da função do pai.

Disso decorre que, no que se refere à direção do tratamento, muitas e diversas sejam as modalidades de intervenções, de direções da cura. Muitos autores descrevem os resultados (LEFORT, 1984); (BRUNO, 1993); (SOLER, 1993; 1999); (LAURENT, 1998, 2007, 2012); (TENDLARZ, 1997); (RIBEIRO, 2004; 2005); (MALEVAL, 2009b, 2012a, 2015). Muitas vezes, os resultados não vão mais longe que progressos no plano da norma, no plano educativo e social. Outras vezes, precisam ser deduzidos das descrições detalhadas dos casos.

Muitas das crianças aprendem a falar, a se alimentar adequadamente, a serem independentes quanto aos cuidados corporais. No dizer de Soler (1993, p. 231) "sempre encontramos o mesmo obstáculo: a separação impossível. A esse respeito, a solução – que se encontra em um impasse – seria considerar uma máquina terapêutica para a vida".

Podemos apreender, além dessa, posições pouco otimistas, como a de Colette Soler (1993, p. 232) e na leitura de vários autores como Margareth Mahler, Meltzer e do que enfatizam: "elas permanecem na psicose, às vezes um pouco mais dóceis à educação".

Contrários a isso, vários autores sugerem, entre outras possibilidades, a "intervenção precoce",[6] ou a "intervenção a tempo", considerando que a estrutura psíquica não amarrada aponta um sujeito "não constituído"; decorre que é possível, na direção da cura, que a estrutura se organize e, sob transferência, na direção do tratamento, possa ser construída outra saída possível para a criança autista que não seja pela psicose, além de várias outras possibilidades de intervenções e tratamento no campo da psicanálise.

Controvérsias também sobre o número de crianças autistas no Brasil e no mundo são facilmente identificáveis na literatura. Segundo a Associação dos Amigos da Criança Autista, estima-se que no Brasil haja dois milhões de crianças autistas. Dados da Organização das Nações Unidas (ONU) indicam a existência de 70 milhões de pessoas com autismo no mundo. As estimativas variam de um autista para 110 a 150 nascimentos.

Importa é que, como vimos, se durante décadas tais crianças estavam escondidas sob o manto da deficiência, hoje elas chegam em grande número aos Serviços Públicos e em ONGs, além de escolas "especiais" e regulares "inclusivas".

Muitos pais perambulam de um profissional a outro em busca de diagnóstico – nem sempre fácil de realizar – e de tratamentos, muitas vezes sem sucesso. Profissionais se desdobram para acolher e tratar tais crianças. Educadores buscam incluí-las nas escolas regulares. Instituições buscam a melhor forma de lidar com elas e promover sua autonomia e socialização. Uma *rede de cuidados* tem sido construída em diferentes estados brasileiros para responder ao enigma e à gravidade do problema para as crianças e suas famílias.

É comum uma decisão de buscar progressos no plano normativo e de socialização e também da linguagem, deixando a criança com

---

[6] Termo utilizado por vários psicanalistas como Marie-Christine Laznik-Penot.

seu sofrimento psíquico em grande desamparo. Pudemos identificar o grande número de crianças sendo tratadas por fonoaudiólogos e terapeutas ocupacionais, sem, contudo, tais especialistas formarem equipes com psicólogos ou psicanalistas para tratar do sofrimento a que as crianças estão gravemente submetidas. Outras vezes, pudemos identificar também que neurologistas, psiquiatras e clínicos, do mesmo modo, não buscam, para além do tratamento medicamentoso, lugar de tratar o sujeito e o sofrimento de que padece.

Não raro, como dissemos, as dificuldades concernentes ao tratamento e à evolução são atribuídas mais ao espectro do autismo e menos aos procedimentos clínicos.

Se no campo da psicanálise um psicanalista não recua frente ao autista e seu olhar não se reduz às descrições fenomenológicas afetas ao saber psiquiátrico, tampouco condena o autismo a uma causa genético-hereditária que fixa para essas crianças um destino e uma posição de vítimas frente ao que incide de fora, sobre elas, retirando-as da suposta passividade do que as aprisiona – as questões do tratamento restam problemáticas.

Foram justamente as diferentes concepções sobre os autismos no campo da psicanálise de orientação lacaniana e a direção do tratamento decorrente de cada uma delas que recolhemos da prática clínica de psicanalistas envolvidos com *a direção do tratamento de crianças autistas* – concepções sustentadas (ou não) pelas falas dos próprios autistas e de seus pais.

Vale assinalar que muitos autistas que escrevem e publicam seus livros não são somente os chamados *autistas de alto funcionamento*. Muitos deles receberam diagnósticos de *debilidade* e muitos são aqueles autistas com manifestações clínicas graves descritas por Léo Kanner,[7] ou seja, com sintomatologia kanneriana.

O leitor vai encontrar aqui o que pudemos extrair da literatura atual da psicanálise e das práticas clínicas de psicanalistas de orientação lacaniana, e as proposições sobre a direção do tratamento de crianças autistas.[8] Além desta multiplicidade de textos e entrevistas, como

---

[7] Léo Kanner: psiquiatra austríaco que, em 1943 estabeleceu os critérios diagnósticos do autismo. O leitor poderá acompanhar posteriormente, neste trabalho, suas elaborações sobre o autismo.

[8] A pesquisa bibliográfica envolveu vários alunos de graduação e pós-graduação da linha de pesquisa Conceitos Fundamentais em Psicanálise: Investigação Campo Clínico e Cultural, a quem novamente agradecemos.

dissemos, nos servimos da literatura de autistas, cuja contundência dos relatos não só nos adverte, nos interpela, mas também nos faz trabalhar no avanço da teoria e da clínica. Na polifonia das vozes, procuramos fazer com que nenhuma deixe de ser acolhida e escutada nas entrelinhas e linhas deste texto.

Optamos por trazer, no bojo de nossa leitura, a escrita de nossa escuta do que trabalhamos juntos, nas entrevistas clínicas, cujo mote, como dissemos, é a associação livre. Assim, pesquisadoras e pesquisados, no diálogo com suas experiências e do que se inscreveu do tratamento psicanalítico de crianças autistas, foram tecendo seus discursos. Este livro é, pois, um livro compartilhado com todos aqueles que trouxeram sua clínica e sua prática teórica. Este também é um modo de lê-lo: compartilhando-o.

Mas vale lembrar que, embora estabeleça sempre uma interlocução permanente com o que escutamos de colegas que participaram das entrevistas, contando com a colaboração imprescindível de cada um desses psicanalistas, a eles não cabe a responsabilidade pelas interpretações, análises, afirmações e interrogantes que trazemos aqui, tampouco eventuais equívocos, imprecisões ou impasses de qualquer ordem.

O que apresentamos ao leitor não é uma transcrição do material da pesquisa, mas um trabalho de elaboração, a partir do que lemos, escutamos e experimentamos na nossa própria experiência de psicanalistas e pesquisadoras, nossa forma de dialogar com essas experiências, colocando em ato o estilo de cada uma no tecido do texto.

Buscamos, com este livro, poder contribuir com a transmissão da direção do tratamento psicanalítico demonstrando os limites e alcances clínicos com crianças autistas, reiterando, em ato, nosso compromisso com a formação.

Contudo, nosso dever ético e compromisso principal é beneficiar as crianças autistas em tratamento nas instituições ou fora delas, e a seus pais, com a formalização e a transmissão, para os profissionais envolvidos com as práticas de cuidado, dos elementos e das proposições sobre o tratamento possível do autismo inspirado pela psicanálise.

É, pois, neste universo de controvérsias e contradições que se fez necessário buscar as bases teóricas e cada direção de tratamento à criança autista, no sentido de contribuir para fazer avançar a clínica, a formação dos profissionais e a mudança da vida dessas crianças angustiadas e aprisionadas pelo sofrimento psíquico, por vezes escondido nas tramas do "espectro", da "síndrome", do "transtorno", dos "déficits".

Assim, tentando construir a passagem da pesquisa à escrita, trazemos este livro. Certamente, tivemos, com a pesquisa, uma obstinada pretensão de intervir no rumo das coisas. Esperamos sinceramente que este livro-produto de pesquisa cumpra um pouco essa função. Acreditamos nas equipes técnicas que buscam um projeto terapêutico para cada sujeito, nos especialistas que podem encontrar possibilidades e apostas no tratamento do sofrimento psíquico de um sujeito encarcerado no autismo, encaminhando-os e a seus pais. Acreditamos também que o campo da psicanálise possa se expandir e que psicanalistas encontrem aqui interrogantes para seu fazer clínico e possam, como nós, aprender com o que se formalizou do e no diálogo com múltiplas experiências.

Buscamos também alcançar leitores – os estudantes, jovens psicanalistas e aqueles que buscam esteio para sua formação. Daí a tentativa de uma transmissão rigorosa, mas marcada pelo estilo singular do que se escreve para ser lido.

Esperamos que o leitor possa recolher, no ato de sua leitura, premissas que extraímos desta longa experiência e tentamos fazer reverberar em cada página deste livro: nossa aposta de que, no dispositivo de tratamento psicanalítico, um autista pode romper as grades que detêm seu movimento de entrar no mundo, participar e contribuir com ele.

Autismos, psicanálise e pesquisa: um campo aberto à investigação e à escuta

Pesquisa e psicanálise[9]

Inscrita no campo da pesquisa em ciências humanas, a pesquisa em psicanálise coloca-se, de saída, no esforço de adentrar-se neste universo e dialogar com ele. O debate sobre pesquisa em ciências humanas e o que a distingue de outras modalidades de pesquisa, bem como seu campo epistemológico, é muito extenso e complexo e não poderíamos abordá-lo aqui. Não obstante, antes de discutirmos a pesquisa em psicanálise, consideramos necessário algum aporte ao campo da pesquisa em ciências humanas, como porta de entrada para a discussão de nosso campo metodológico.

Aqui vamos nos ater a um ponto precioso para abrir nossa interlocução sobre o outro na pesquisa. Com Marília Amorim, em seu livro *O pesquisador e seu outro – Bakhtin nas ciências humanas*, encontramos ressonâncias para uma discussão sobre "a possibilidade e a impossibilidade do diálogo e do encontro com o outro no contexto da pesquisa". Amorim (2001) nos diz que, de um lado, seu trabalho

> [...] responde a toda uma corrente clássica em ciências humanas onde a palavra do outro é desprovida de seu caráter enunciativo, enquadrada e depurada a tal ponto que se torna comportamento e deixa de ser enunciação dirigida a alguém, o que era resposta vira ação e, se seguirmos as indicações de

---

[9] Vamos trazer aqui apenas algumas breves notas sobre o tema da Pesquisa e Psicanálise, uma vez que, como produto de nossa pesquisa, organizamos o livro, também financiado pela CAPES, *Pesquisa e psicanálise: do campo à escrita* (Autêntica, no prelo).

Benevistes, perde-se, nesse momento, a especificidade do que é humano (Amorim, 2001, p. 17).

Para ela, o questionamento desse tipo de pesquisa não implica apenas uma dimensão ética, mas também epistemológica: a palavra tornada comportamento perde sua possibilidade de sentido; se o sentido é excluído, a que então conduz a pesquisa, senão à confirmação dos seus próprios pressupostos?

Para Amorim (2001), as formas "contemporâneas de praticar e escrever pesquisa" caracterizam-se por três aspectos que podem aparecer juntos ou não em uma mesma pesquisa, a saber: um "menosprezo" em relação à teoria e ao conceito, que pode ser explícito ou implícito; a ênfase na proximidade com o outro, seja na identificação com ele, seja na "empatia" e na naturalização do encontro; a ênfase na experiência do pesquisador, na sua vivência, na sua própria pessoa. Buscamos estar atentas a essas dificuldades e obstáculos no ato de pesquisar e escrever o que se depreendeu de nossa leitura da pesquisa.

Amorim (2001, p. 17) compreende que "considerar a alteridade – o outro a quem o pesquisador se dirige – é considerar que também a teoria e o conceito desempenham papel alteritário de fundamental importância", assim como "a *exotopia* e a *dissimetria* permitem a expressão de alteridade, contrariamente à identificação ou empatia". Por fim, enfatizar a experiência do pesquisador ou sua vivência seria suprimir a alteridade no nível da escrita. Para ela, "não há escrita criadora sem alteridade entre autor e locutor. Trata-se da distinção fundamental entre aquele que escreve e aquele que está escrito" (p. 18).

A autora nos adverte que a abordagem dialógica do texto de pesquisa em ciências humanas busca ultrapassar esses impasses pela ideia de que o conhecimento é uma questão de voz. "O objeto que está sendo tratado num texto de pesquisa é, ao mesmo tempo, objeto já falado, objeto a ser falado e objeto falante. Verdadeira polifonia que o pesquisador deve poder transmitir ao mesmo tempo em que dela participa" (Amorim, 2001, p. 19). O silêncio também marcará muitas vezes, a alteridade – lembra a autora.

Assim, ela parte de uma hipótese primeira de que em torno da questão da alteridade é que, em grande parte, *se organiza a produção de conhecimento.*

Deixando-nos atravessar por essas reflexões, buscamos interpelar nossa própria função e lugar, no encontro com o outro, no processo de pesquisar. É também aí que se inscreve para nós a problemática da pesquisa em psicanálise.

Nos moldes de uma pesquisa-intervenção em psicanálise, como anunciamos anteriormente, nos lançamos à experiência de pesquisar.

Acompanhamos atentamente autores que discutem a pesquisa-intervenção em psicanálise (CASTRO; BESSET, 2008; FERRARI, 2008; SANTIAGO, 2008, e outros). Colocamos em relevo aqui as elaborações de alguns desses autores e as nossas, principalmente sobre o que consiste a pesquisa-intervenção.

Castro e Besset (2008) nos dizem que a pesquisa-intervenção tem sido compreendida e abordada de múltiplas e diferentes maneiras na literatura e, com frequência identifica-se uma confusão conceitual entre pesquisa-intervenção, pesquisa-ação e pesquisa-participante, termos usados, não raro, como equivalentes.

Para Castro e Besset (2008), a pesquisa-intervenção é um dispositivo que possibilita renovações no processo de pesquisa, indicando, contudo, que, "decorrente da visão de que não há uma extemporaneidade do pesquisador ao ato de pesquisar, reconhece-se que todo dispositivo de pesquisa transforma o que deseja pesquisar, ou seja, nenhuma pesquisa deixa de ser também uma intervenção" (p. 29).

Ressalta ainda que o desafio do "paradigma" da pesquisa-intervenção é incorporar a intervenção do pesquisador no que é pesquisado:

> [...] pesquisar é fazer: produzir sentidos específicos para aquela situação tal como se desenrola nos cenários em que o pesquisador se relaciona com aquelas crianças à sua frente. Assim, a experiência da criança é efetivamente construída ao longo do processo de pesquisar por meio da interlocução com o outro (o pesquisador) que também se inclui na forma como essa experiência se produz (CASTRO; BESSET, 2008, p. 31).

É preciso assinalar que não nos eximimos de pensarmos nossa própria compreensão de *pesquisa-intervenção no campo da psicanálise* e também nossa contribuição na discussão e prática de pesquisa-intervenção.

No bojo das discussões sobre a pesquisa-intervenção, trazemos duas, frutos de nossas elaborações sobre o tema: *intervenção* e da *escrita* – pontos onde recaem, para nós, as discussões sobre essa modalidade de pesquisa. Na nossa experiência, demarcamos o que se destacou como *intervenção*; não somente a intervenção que afeta ao pesquisador, mas também, e com o mesmo vigor, a intervenção que se destacou na palavra dos pesquisados e nas palavras de outros, ausentes no lócus da pesquisa mas cujas palavras foram trazidas pelos psicanalistas: professores, pais, padrastos, madrastas, em consonância com os princípios que orientam uma pesquisa "em" psicanálise.

A intervenção foi tomada como a que produzia um corte numa dada posição dos pesquisados e de cada um, frente ao que se disse e até frente ao não dito, aos pontos de silêncio que permearam nossos encontros.

Desse modo, enfrentando muitos desafios que a pesquisa sobre autismos coloca, em especial, no campo da psicanálise, é que trazemos este escrito.

Entrevista clínica em pesquisa

Desde que se mostrou indispensável à pesquisa lançar mão de um instrumento que permitisse fazer a oferta de palavras a cada psicanalista participante e também abrir uma via de acesso ao saber de cada um, deparamo-nos com a possibilidade das *entrevistas individuais*.

Sem perder de vista a orientação psicanalítica para uma entrevista clínica, mas também e ao mesmo tempo, sem confundir com ela a entrevista numa pesquisa, buscamos construir um caminho a trilhar com este instrumento.

Castro (2008) nos diz que a "perspectiva clínica" pode ajudar no propósito de inserir o pesquisador junto a seu campo de problemas tais como vivido por seus participantes. A autora recorre à descrição de Sévigny (2001) sobre a abordagem clínica como aquela que permite colocar o pesquisador face aos problemas e questões de indivíduos, grupos ou comunidades que necessitam de solução. "Significa que o pesquisador se debruce sobre os problemas e as questões (como se estivesse junto ao leito ou bem próximo daqueles cujas questões está convocando) para compreender o que aflige, o que vai mal e, consequentemente, o que pode melhorar" (SÉVIGNY, 2001, p. 30).

Torna-se necessário esclarecer, entretanto, por que a nomeamos "entrevista clínica" e não somente "entrevista" no campo de nossa pesquisa. Tentaremos explicitar nossa compreensão a partir, primeiro, do que faz laço entre a entrevista e a clínica: a associação livre.

O ponto de partida – o que os psicanalistas podem dizer sobre o tratamento psicanalítico de crianças autistas – está dado, mas a oferta da palavra em cada entrevista respeitou a regra fundamental da psicanálise: a associação livre. Assim, a questão norteadora da entrevista veio, às vezes, embrulhada numa riqueza enorme de temas e situações, tais como: a inserção política do psicanalista e sua trajetória clínica; suas diferentes posições frente aos impasses que cada caso coloca; os embaraços do psicanalista diante do autista; o trabalho com os pais; as dificuldades teóricas e o cotidiano da clínica; os atravessamentos institucionais, as saídas inventivas de cada psicanalista e outros temas a que o leitor terá acesso no decorrer do texto.

A associação livre é, portanto, aqui também, o que faz enlace entre a psicanálise em extensão – a aplicação da psicanálise e a psicanálise em intensão –, a prática clínica.

Essa modalidade de entrevista na pesquisa tem com a clínica alguns pontos de junção e de disjunção. A entrevista clínica na pesquisa comunga da mesma "falta de segurança preestabelecida da pesquisa-intervenção favorecedora de processos transformadores" (FERRARI, 2008, p. 90).

Se, de um lado, a entrevista clínica se inscreve como instrumento da pesquisa, de outro, ela mantém o mesmo compromisso de buscar transformar a realidade das crianças autistas, através do que se produziu sobre seus tratamentos psicanalíticos, não apenas no momento do processo de entrevista, mas também na transmissão do que se operou com este instrumento e o que se pode concluir, no sentido de oferecer subsídios para que gestores políticos e agentes de cuidado possam estender às crianças autistas o que lhes é de direito.

A entrevista na pesquisa visa, como uma entrevista na clínica, não somente constatar, mas oferecer a palavra para que aquele que fala possa, ele mesmo, ser tocado pelos efeitos de seu dizer, ora apropriando-se dele, ora afastando-se, tomando distância da palavra do outro, ora localizando-se e posicionando-se de um novo modo frente ao seu dizer, seja porque a fala é endereçada, seja pelos efeitos da intervenção.

Muitas vezes a "naturalização" dos conceitos lacanianos – muitos deles de difícil compreensão – são falados e repetidos sem o devido cuidado e rigor. Neste ponto, a entrevista clínica na pesquisa convida, por sua própria estrutura, àquele que fala a escutar o que diz.

Aqui, o que se destaca como intervenção tanto pode ser a palavra da pesquisadora quanto do entrevistado e a que ele evoca de outros psicanalistas, clientes ou familiares de seus pacientes, presentes, desse modo, no movimento pulsante das entrevistas.

A entrevista pode ser clínica no contexto da pesquisa quando e se ela se orienta não pelo saber do pesquisador, mas pela palavra do entrevistado. "Aprender com o outro é, pois, fundamental para que a intervenção nos espaços sociais não se configure uma imposição de saber" (Santiago, 2008, p. 115).

Podemos dizer que é essencialmente desse ponto que a pesquisa, o ato vivo da pesquisa em psicanálise, extrai as consequências da clínica para seu campo. Não se trata apenas de oferecer a palavra, mas de supor saber no entrevistado, se surpreender com o que produz sobre sua realidade, sua vida, suas experiências, operando, no mesmo movimento, uma possibilidade de que ele se aproprie do que diz e, no ato mesmo da enunciação, se renove e se crie.

Oferecer a palavra para que cada psicanalista pudesse trazer (ou não) algum questionamento sobre seu lugar e seu fazer cotidiano, no consultório, em ONGs, em instituições governamentais, foi o que buscamos com esse instrumento. Por isso mesmo ele se inscreveu no campo da pesquisa-intervenção em psicanálise.

Desse modo, a entrevista clínica na pesquisa é uma aposta na palavra daquele que fala na pesquisa, em seu saber, e, principalmente, nos efeitos dessa palavra sobre ele mesmo e nas pesquisadoras e do que disso se pode transmitir para contribuir na construção de políticas públicas e de operadores clínicos que considerem o psicanalista, suas invenções e a singularidade de seu fazer.

O sujeito na pesquisa

Optamos por selecionar, para a pesquisa, psicanalistas com algum reconhecimento público, publicações e inserção institucional, em Serviços Públicos de Atenção à Criança, tais como: CAPSis, Equipes Complementares de Saúde Mental; Centros de Referência em Saúde Mental da Infância e Adolescência; Instituições públicas e particulares diversas de Atendimento às Crianças Autistas e Psicóticas; Supervisores Clínicos de Serviços Públicos e/ou ONGs, bem como de universidades e clínicas-escolas.

Foram realizadas entrevistas com 12 psicanalistas de Minas Gerais, 11 do Rio de Janeiro, 11 de São Paulo. São psicanalistas de diferentes Escolas de Psicanálise: Escola Brasileira de Psicanálise, Sessão Minas, Rio, São Paulo; Aleph, Escola de Psicanálise; Letra Freudiana; Laço; Instituto Langage.

Dos 33 psicanalistas, 32 são de orientação lacaniana. Apenas um psicanalista tem orientação winnicottianna. Mantivemos a entrevista, pois nos possibilitou contrastar alguns pontos teóricos entre uma e outra abordagem. Dos psicanalistas entrevistados, homens e mulheres, 18 são ou foram professores(as) universitários(as) das seguintes universidades: Pontifícia Universidade Católica de Minas Gerais; Faculdade de Ciências Médicas de Minas Gerais; Universidade FUMEC; Universidade Federal do Rio de Janeiro; e Universidade de São Paulo.

Desse total, apenas dois não têm uma clínica atualmente com crianças ou adolescentes autistas, mas já tiveram um longo percurso com essas crianças e permanecem ligados ao tema. Um como supervisor clínico e outro como pesquisador.

Podemos constatar que não há uma homogeneidade de discursos, mas colocaremos mais em destaque as possíveis divergências, e principalmente as concepções e proposições acerca do tratamento psicanalítico que nos servem de guia para pensarmos e interrogarmos as nossas.

As entrevistas foram realizadas nos locais escolhidos pelo psicanalista: consultórios, serviços públicos, instituições onde trabalham e nas universidades. Três nos receberam em suas próprias residências. Nenhuma das entrevistas durou menos de uma hora. A duração média foi de duas horas.

As questões em torno das quais giraram as entrevistas, propostas pelas pesquisadoras, foram, em todas as entrevistas: *os embaraços dos psicanalistas no tratamento psicanalítico de crianças autistas e as saídas inventivas construídas pelos psicanalistas frente a esses embaraços.*

Além da longa pesquisa sobre a produção bibliográfica brasileira[10] e internacional sobre o tratamento psicanalítico de crianças autistas,

---

[10] A pesquisa bibliográfica realizada teve seu ponto inicial no levantamento

não é desnecessário sublinhar que nosso esforço nesta pesquisa foi extrair as *experiências exitosas* de psicanalistas de orientação lacaniana com crianças autistas e seus pais, esperando trazer contribuições para fazer avançar a prática teórica e o tratamento psicanalítico a elas dirigido.

Do campo à escrita: tratando os dados da pesquisa

Do *campo à escrita*, há um fosso a atravessar. A transmissão dessa experiência pelo texto escrito, mesmo um texto onde houve uma busca de que nenhuma voz fosse suprimida, algo escapa, não é fisgado pela palavra. Contudo, o que escapa aparece por vezes na dicção do texto, faz-se notar.

Buscamos dialogar com muitos autores psicanalistas e de outras abordagens, bem como com os psicanalistas entrevistados, e o que pudemos extrair de suas proposições, além do diálogo com o texto de autistas escritores e seus pais.

Autorizamo-nos a trazer nossa escuta e elaborações, muitas provocadas pelo encontro com o outro na pesquisa. Contudo, é em torno da fala dos psicanalistas, dos autores visitados e dos escritos de autistas e seus pais que vão girar o que ora nos faz publicar.

A escrita, na sua função de véu do real vivido no contato com o universo da clínica com essas crianças, traz a dimensão da surpresa, do inusitado, que, de certo modo, coincide com a novidade, com os achados da pesquisa. "*Achadouros*" – no dizer do poeta Manuel de Barros, em suas *Memórias Inventadas*.

Freud, em uma de suas conferências,[11] diz ao leitor que as intenções de escrever um dado conteúdo, de certa maneira, não podem ser concretizadas. Existe alguma coisa no próprio material que se encarrega de nos desviar das intenções iniciais. Até mesmo um acontecimento banal, como a organização de um item familiar do material, não está totalmente submetido à escolha pessoal do autor.

---

bibliográfico da produção científica sobre autismo e psicose na criança no Brasil no período de 1978-2003, realizado por Katia Alvares de Carvalho Monteiro (RIBEIRO; MONTEIRO, 2004). A pesquisa realizada por Katia – a quem agradecemos especialmente – nos possibilitou seguir a pesquisa bibliográfica da produção brasileira sobre autismo, de 2004 a 2016. Este trabalho conjunto foi transformado em e-book e encontra-se disponível na internet.

[11] Refiro-me à Conferência XXIV, de 1917 (FREUD, 1996b).

Freud contava com o saber inconsciente trabalhando o escrevente e no escrevente: "Ele toma a direção que quiser, e tudo que podemos fazer é nos perguntar, depois do evento, por que aconteceu dessa maneira e não de outra" (FREUD, 1996b, p. 442).

Lacan, em *O seminário, livro 20: Mais, ainda* (1985b), nos diz que aquilo que se pode escrever da clínica nada tem a ver com o que se pôde ler dela. Esta proposição desliza-se facilmente da clínica para a pesquisa. É essa disjunção estrutural entre o que se pôde ler na pesquisa e o que dela pôde ser escrito que trazemos aqui.

A escrita do que se passou em campo segue a mesma trilha do cuidado e do valor que a psicanálise confere à palavra... do pesquisado e ao seu saber. Ela parte sempre do dizer dos envolvidos, daquilo que teve incidências no dispositivo das entrevistas, referentes ao saber deles e ao que nos ensinam. Nas pegadas desse saber nos guiamos na construção de um caminho de transmissão do que trouxeram e do que recolhemos de seu discurso na construção de nosso próprio saber.

A experiência de pesquisar sobre o que constitui para nós o tratamento dos autistas e o enigma dos autismos é indescritível. O encontro com os psicanalistas, no "lócus" de seu trabalho, de estado a estado, nos causou muitas emoções, questionamentos, nos colocou a trabalho constante e abriu um campo de possibilidades.

O leitor poderá acompanhar, nos volteios deste escrito, de um lado, a riqueza enorme de questões, proposições, premissas e invenções dos colegas psicanalistas acerca do tratamento dos autistas. De outro lado, a contundência espantosa do que dizem os próprios autistas e seus pais sobre o sofrimento de que padecem e as saídas inventivas de cada um frente àquilo que os acomete.

Para a análise das entrevistas, buscamos isolar os operadores que tornaram possível identificar, na literatura, aspectos caros ao tratamento psicanalítico de crianças autistas e, antes, o que os psicanalistas, os autistas e seus pais pensam e elaboram sobre a(s) etiologia(s) do autismo, o diagnóstico, as principais abordagens teóricas dos autismos na psicanálise de orientação lacaniana e muitos outros pontos. Partimos dos seguintes operadores:

- Do ponto em torno do qual girou o movimento da palavra de cada psicanalista entrevistado, o que foi colocado em relevo, o que saltou com mais vigor de cada entrevista.

- Das questões relativas a esse ponto trazidas pelos psicanalistas, endereçando-as aos outros entrevistados ou à pesquisadora em cada entrevista.
- Do que se repetiu, insistiu e retornou no discurso dos psicanalistas.
- Dos impasses que se colocaram para esses psicanalistas e as saídas inventadas por eles mesmos para os impasses.
- Dos pontos de emergência da enunciação.
- Da produção de saberes inéditos.
- Do que se produziu em cada entrevista sobre os elementos colocados em destaque pelas pesquisadoras a respeito do tratamento psicanalítico de autistas, a saber: o olhar, a voz, o Outro e os objetos.
- Do tema do tratamento psicanalítico dos autistas – questão norteadora das entrevistas – e o que se produziu em torno dele, posto em destaque ora pela pesquisadora, ora pelos pesquisados.
- As experiências exitosas dos psicanalistas, os progressos e avanços no tratamento psicanalítico e as saídas inventivas do sujeito no autismo, na vigência do tratamento psicanalítico.
- Do que se destacou como intervenção dos próprios psicanalistas, da pesquisadora, dos pais e autistas, trazidos pelos psicanalistas às entrevistas.
- Do que se operou com as entrevistas – uma leitura dos efeitos das intervenções nos sujeitos na pesquisa.

Desse mesmo modo nos conduzimos na análise dos textos de autistas escritores e dos pais. Buscamos estar atentas extraindo, desses escritos, aquilo que se repetiu, insistiu e retornou em diferentes autores autistas e seus pais, sobretudo acerca dos seguintes elementos: o autismo, o olhar, a voz, o Outro e os objetos; o corpo, as estereotipias e sua função; o que aqui compreendemos como o autotratamento do real pelo sujeito no autismo; as saídas inventivas dos autistas, sobretudo a função da escrita para o sujeito.

Vamos, pois, nos arremedos do que se produziu, escutou e extraiu de nossa experiência de pesquisa e clínica, compartilhar, deixando o campo aberto para que o leitor possa, na trilha que abrimos, fazer seu próprio percurso de interlocução e construção de possibilidades no tratamento psicanalítico dos autistas e de suas famílias.

Autismo: um conceito ainda impreciso e a contenda do diagnóstico

Para localizarmos as primeiras questões concernentes ao autismo, trazemos algumas notas sobre a origem do termo "autismo" e a gênese da observação psiquiátrica.[12]

Eugen Bleuler (1857-1939), psiquiatra suíço, cria o termo "autismo" baseando-se na concepção freudiana de "autoerotismo". Freud tomou emprestado o termo do médico inglês Havelock Ellis (1859-1939), em 1856, dando a ele nova significação.

Se Havelock Ellis denominou autoerotismo a uma excitação que não era provocada de fora, mas que surgia do interior mesmo do organismo, Freud, no início de suas elaborações,[13] pensa o autoerotismo como um estádio do desenvolvimento sexual onde a pulsão não se encaminha para nenhum objeto, satisfazendo-se no próprio corpo. O estádio autoerótico antecede o estádio narcísico, onde a pulsão toma o eu como objeto de satisfação. Os estádios seguintes ao narcísico demonstram o predomínio de uma determinada pulsão que quer satisfação, buscando, para tanto, um objeto, seja ele oral, anal-sádico ou fálico.

Bleuler (1985) ocupou-se de interrogar a nosologia da chamada "demência precoce" descrita por Kraepelin, objetando que não se tratava de uma "verdadeira demência", que ela não era "sempre precoce" e que o processo de deterioração psíquica era frequentemente

---

[12] Paula Pimenta (2003) realiza um precioso trabalho histórico na sua dissertação de mestrado, através do qual, especialmente, nos orientamos para trazer essas notas.

[13] Cf. Carta 125 a Fliess, de 09/12/1899 (MASSON, 1986), e *Três ensaios sobre a teoria da sexualidade*, de 1905 (FREUD, 1996d).

tardio. Influenciado pela psicanálise, Bleuler criou, em 1911, um termo para designar nosograficamente a demência precoce de Kraepelin – "esquizofrenia", que, em grego, significa "mente dividida".

Nesse movimento, Bleuler isolou o que considerava como o problema fundamental desses pacientes: a dissociação psíquica – que se manifestava no desaparecimento do poder regulador do eu e da consciência sobre o curso do pensamento, uma invasão difusa dos processos primários nos processos secundários do eu, resultando em um estado subjetivo semelhante à associação livre e ao sonho. A essa predominância da esfera psíquica sobre a síntese pessoal e a percepção da realidade, Bleuler designou "autismo". Esse novo termo foi formulado extirpando-se a partícula central "eros" do autoerotismo freudiano.

O psiquiatra austríaco Leo Kanner, nos seus estudos das psicoses infantis nos Estados Unidos, na Johns Hopkins University, em 1943, publica *Os distúrbios autísticos de contato afetivo*. Ali, Kanner apresenta uma nova entidade nosográfica, separada da esquizofrenia a que estava ligada – o autismo infantil precoce. Tratava-se, no dizer de Kanner, de "crianças cujo estado difere tão marcada e distintamente de tudo que foi descrito anteriormente" ([1943] 1997, p. 11).

Em seu "material clínico", descreve, com rara riqueza de detalhes, as *fascinantes particularidades* de onze crianças, todas menores de onze anos. Na *Discussão,* vai apresentando as "características comuns essenciais" dessas crianças, sublinhando também "as diferenças individuais nos graus de seus distúrbios, nas manifestações familiares e em sua evolução ao longo dos anos" (KANNER, [1943] 1997 p. 156).

Kanner nos chama a atenção para o fato de várias crianças terem sido apresentadas a ele como "idiotas ou imbecis". Considera também ser possível que muitas crianças semelhantes tenham sido consideradas retardadas, "fracas de espírito" – como eram conhecidas na época –, ou ainda, esquizofrênicas.

Hoje, não são outros os ventos que sopram. Muitos avanços se realizaram, pesquisas em diferentes áreas apresentam outros e novos saberes sobre o tema, experiências de tratamentos se consolidaram. Não obstante, vimos – não sem perplexidade – o autismo de novo inscrito no campo das deficiências pelas políticas públicas, e os autistas sob esse manto, escondidos.

Os esforços de Kanner para diferenciar dessas as crianças autistas são absolutamente notáveis. Seguimos ainda na mesma luta.

Para ele, o distúrbio fundamental mais surpreendente, "patognômico", é "a incapacidade dessas crianças de estabelecer relações de maneira normal com pessoas e situações, desde o princípio de suas vidas" (KANNER, [1943] 1997, p. 156). Kanner retira dos discursos dos pais a matéria para esta elaboração: "criança se bastando a si mesma"; "como em uma concha"; "mais contente sozinha"; "agindo como se os outros não estivessem lá"; "totalmente inconsciente de tudo o que a rodeia"; "dando a impressão de uma sabedoria silenciosa"; "fracassando em desenvolver uma sociabilidade normal"; "agindo quase sob hipnose", que vai sustentando sua premissa.

Kanner inicia, assim, sua séria tarefa de separar o autismo também da esquizofrenia – questão que ainda nos concerne a todos, mesmo no campo da psicanálise. Para ele:

> [...] não se trata, como nas crianças e adultos esquizofrênicos, de uma ruptura de relações previamente estabelecidas; não se trata de um "retraimento" sucedendo uma participação. Existe inicialmente um *fechamento autístico extremo* que, sempre que possível, faz com que a criança negligencie, ignore ou recuse tudo o que vem do exterior. Um contato físico, um movimento ou um ruído que ameaçam interromper este isolamento "são tratados como se não existissem"; se isto não for mais suficiente, são, então, sentidos como intrusões profundamente perturbadoras (KANNER, [1943] 1997, p. 156).

Após o ato fundamental de separar o autismo tanto do retardo quanto da esquizofrenia, Kanner vai tentando retratar, ainda com maior pertinência, as características das próprias crianças, a partir tanto de sua observação clínica quanto do saber dos pais. Vamos acompanhar, passo a passo, suas enunciações, posto que são referidas a "achados clínicos" que podem iluminar os nossos – ora contrastando-os, ora interrogando-os, e, no mesmo movimento, nos permitindo avançar.

Um de nossos primeiros gestos, que marca nossa leitura das proposições de Kanner, é não deixar prevalecer um "inventário" do que a criança autista "não é capaz" de realizar, de "aprender", de "adquirir", por vezes dando lugar a uma ideia dos "atrasos" e "déficits" que sustentam muitos discursos teóricos e sociais.

Buscamos, com a psicanálise, encontrar o sujeito e "suas boas potencialidades cognitivas", os "testemunhos de sua boa inteligência e memória", "seu vocabulário incrível", quando pode aceder à fala (KANNER, [1943] 1997, p. 166), a capacidade de "aquisição de leitura", sua possibilidade de "brincar em grupo" ou "estar ao lado do grupo", enfim, suas potencialidades criativas para que haja "progressos" e "melhoras" (p. 169), destacados já por Kanner, mas obscurecidos ou negligenciados por muitos que não veem no autismo mais que um cérebro sem animação.

A visão de Kanner sobre bebês e crianças pequenas autistas: a ausência de atitude antecipatória e a relação particular com a linguagem

Kanner ([1943] 1997) recorre inicialmente a Gesell (1996a) para buscar os índices de desenvolvimento e as experiências "universais" infantis, que lhe permite demarcar as diferenças comumente apresentadas pelas crianças autistas. Primeiramente, interessa-se pelo que Gesell fala a propósito da "atitude antecipatória" dos bebês para serem levados ao colo, constatando, no discurso dos pais das crianças autistas que ele observou, a ausência desta mesma atitude em seus bebês, além de grandes dificuldades de ajustarem-se ao corpo de quem o carrega, permanecendo assim durante "dois ou três anos" (p. 157).

São os próprios autistas hoje que trazem elementos para pensarmos as questões que atravessam a vida inicial dessas crianças. Tais elementos são de fundamental importância para pensarmos o tratamento psicanalítico de bebês e crianças pequenas, para a detecção de sofrimento psíquico e para identificar sinais de autismo – inspirados pelos psicanalistas que trabalham com a chamada "intervenção precoce" (LAZNIK-PENOT, 1997; KUPFFER, 2014; JERUSALINSK, 1984; JERUSALINSK, 2002) ou daqueles que fazem "intervenção a tempo" (MESSIAS, 2004; ANTUNES, 2004; FERREIRA, 2004) –, na aposta de que muitas mudanças na rota de um bebê ou criança pequena em constituição subjetiva podem acontecer, inclusive dando mostras de que aquelas com sinais de autismo podem, com o tratamento psicanalítico, construir um outro caminho de entrada no mundo do Outro e da linguagem, livrando-se do aprisionamento que o autismo produz no sujeito.

> Tinha seis meses de idade quando minha mãe percebeu que eu não me aninhava mais e ficava rígida quando ela me segurava

> nos braços. Poucos meses depois, quando minha mãe tentava me pegar no colo, eu reagia tentando arranhá-la com as unhas, como um animal encurralado. Ela conta que não entendia meu comportamento e ficava magoada com minhas reações hostis. Via os outros bebês aninhados nos braços das mães, e pensava: o que estaria fazendo de errado? Mas achava que a resposta estivesse no fato de ser jovem e inexperiente. Ter uma filha autista era assustador para ela, pois não sabia como agir com um bebê que a rejeitava (GRANDIN; SCARIANO, 1999, p. 25).

Esses escritores não somente nos oferecem, com muita riqueza de detalhes, uma sensível demonstração do que vive um bebê e uma pequena criança com sinais de autismo, mas fazem ecoar aquilo de que nos fala Kanner ([1943] 1997).

> [...] ele não chorava nunca. Até mesmo ao nascer não emitira a menor queixa, o menor som. Provavelmente nada via no mundo de tocante ou impressionante. No início, a mãe tentava dar o seio. Nem sinal de brilho nos olhos do bebê ante a visão da mama nutriente: ele ficou de cara com ela sem fazer nada. Desarmada, a mãe aproximou-lhe a teta da boca. Mal se pode dizer que "Deus" a chupou. A mãe decidiu então aleitá-lo (NOTHOMB, 2003, p. 12).

Nothomb (2003, p. 14) prossegue escrevendo sua saga e afirma que "não era tanto seu mutismo que preocupava os pais, mas sua imobilidade. Ele estava chegando à idade de um ano sem ter esboçado seu primeiro movimento". Mostrando as diferenças com outros bebês, dava o nome de "Deus" ou "tubo" a este bebê que "era pleno e denso como um ovo duro, do qual tinha também a forma arredondada e a imobilidade" (p. 5).

Afirmava que "os outros bebês davam seus primeiros passos, seus primeiros sorrisos, seus primeiros alguma coisa. Já 'Deus' não se cansava de efetuar seu primeiro absolutamente nada" (p. 14). Diz ainda que "aos dois anos, o 'tubo' sequer experimentara o quadrupedismo, nem aliás o movimento" (p. 17). "Chegou à idade de dois anos como quem chega aos dois dias ou aos dois séculos. Ainda não mudara de posição, nem sequer tentara: continuava em decúbito dorsal, os braços ao longo do corpo, como uma minúscula estátua jacente" (p. 15).

Curioso é que Amélie Nothomb, vai nomeando o bebê, além de "Deus" e "tubo", de vários objetos: "ovo duro"; "legume"; "planta";

"peixe vermelho", como se lhe escapasse um modo de descrevê-lo e deixando entrever a imobilidade que às vezes toma um bebê com sinais de autismo, mostrando-se como um objeto.

Kanner ([1943] 1997) debruça-se também sobre a aquisição da linguagem e sua função entre crianças autistas. Dos onze casos de crianças relatados, oito falaram na idade "normal" e três continuaram "mudas". Mas constata que, para nenhuma dessas "falantes", a linguagem era "utilizada para transmitir mensagem aos outros", embora sete delas tivessem "capacidade de articulação e fonação claras" (p. 158).

"Ele não falava, jamais dissera alguma coisa, nem mesmo chegara alguma vez a produzir algum som", diz Nothomb (2003, p. 13), e assegura que "eles não sabiam que, em minha cabeça, eu já falava há muito tempo. Mas é verdade que dizer as coisas em voz alta é diferente, pois confere à palavra pronunciada um valor excepcional" (p. 36).

Donna Williams (2012), no seu livro *Meu mundo misterioso*, também dá ênfase ao que Kanner ([1943] 1997) teria antes descrito: "Durante meus três primeiros anos de vida, esta foi toda minha linguagem (repetir tudo que era dito), acrescida das entonações e das inflexões vocais daqueles que eu pensava que faziam parte do mundo" (WILLIAMS, 2012, p. 29).

Kanner segue tentando trazer elementos para pensarmos a linguagem no autismo, destacando a facilidade dessas crianças de "nomear objetos", aprender "palavras longas e incomuns", guardar "parlendas, orações, listas de animais, nomes de presidentes, alfabeto, recitação de frases, poemas, canções em língua estrangeira". Ao lado disso, fala da dificuldade de "reunir palavras" e irem além de designar objetos, adjetivos indicando cores, mas sem nenhum "significado específico".

Assinala, assim, de um lado, "a excelência da sua capacidade de memorização decorativa" e, de outro lado, "a sua incapacidade de utilizar de outra maneira a linguagem". O que, segundo ele, leva os pais a "entupi-las" com poesia, títulos de música, nomes de compositores, termos da zoologia, etc. Para Kanner, a linguagem, uma vez não utilizada por essas crianças para comunicar, foi "consideravelmente desviada para se tornar exercício de memória independente, sem nenhum valor semântico ou convencional ou comportando graves distorções" (KANNER, [1943] 1997, p. 158). Veremos como a psicanálise lê esse modo de uso da linguagem, desde Lacan.

As afirmações de Kanner sobre o uso da linguagem são facilmente identificáveis em nosso cotidiano clínico e naquele de quem convive com os autistas. Diz a mãe:

> Michael e eu nos deslumbrávamos com as evidências de sua precocidade, mas de fato a nova normalidade ainda era difícil. Sobretudo no âmbito da conversação de verdade, não estávamos fazendo muito progresso. Ele estava falando de novo e estávamos gratos por isso. Mas desfiar nomes de números e nomes de lojas e responder perguntas é diferente de estabelecer uma conversação. Jacque ainda não entendia a linguagem como um meio de estabelecer relacionamento com outras pessoas. Era capaz de dizer quantos carros azul-escuros tínhamos visto no trajeto até Starbucks, mas não conseguia nos contar como tinha sido seu dia, e eu estava sempre procurando uma base comum (BARNETT, 2013, p. 74).

Kanner ([1943] 1997, p. 158) vai mais longe indagando e fazendo afirmações sobre o que ele chama de "entulhamento craniano" sofrido pelos autistas: perguntas e respostas do catecismo presbiteriano; trigésimo terceiro salmo; concerto para violino de Mendelssohn; canção de ninar em francês, etc. Pergunta-se se esse estado de coisas desempenhou papel no desenvolvimento de seu estado "psicopatológico", afirmando que "é difícil imaginar que não tenham modificado profundamente o desenvolvimento da linguagem enquanto instrumento destinado a receber e enviar mensagens".

Ressaltamos que qualquer leitura moral, como esta de que crianças autistas são "entupidas" de informações, é interrogada pela psicanálise. Compreendemos que, como os pais de quaisquer crianças, estes oferecem informações variadas e, quanto mais uma criança absorve, a tendência é oferecer-lhe mais. Isso se passa com muitos pais de autistas. As ofertas são feitas a partir da demanda e da resposta da criança. Se ela faz disso, por vezes, um "entulhamento" de informações, não devemos imputar isso aos pais.

Para Kanner ([1943] 1997, p. 159), não existe diferença fundamental entre as oito crianças "falantes e as três mudas", no que tange à questão da função da comunicação da linguagem. Quando dizem frases, são de combinações de palavras ouvidas e repetidas "como um papagaio". Às vezes, as palavras são ditas imediatamente pelas crianças, como eco, mas às vezes são armazenadas e ditas posteriormente.

O autor chama a isso "ecolalia diferida". Para ele, "sim" é um conceito que tais crianças levam muitos anos para adquirir, sendo, pois, "incapazes de utilizá-lo como conceito geral de aquiescência".

O *sentido literal* – prossegue Kanner ([1943] 1997, p. 159), "também é encontrado ao nível das proposições". Exemplifica com a fala de Alfred, quando a ele foi perguntado "sobre o que esta imagem fala?". E ele responde: "pessoas se deslocam sobre". Acrescenta que o sentido de uma palavra "se torna inflexível e não pode ser utilizado senão com a conotação primeira".

Digna de nota é a observação de Kanner de que não há dificuldades dos autistas com plurais ou conjugações, mas a existência de um "fenômeno gramatical particular" se dá em função da ausência de frases espontâneas e da repetição ecolálica. Lembra que "os pronomes pessoais são repetidos tais como são ouvidos", sem alteração para adaptar-se à nova situação, falando de si como "você" e daquele a quem se dirige, de "eu". A entonação, tanto quanto as palavras, é retida. Assim, uma pergunta é respondida na mesma entonação. Kanner observa que há combinações e expressões que não devem absolutamente mudar para cada situação particular.

Segundo ele, esse "erro específico" – ou, diríamos, esse modo particular – de usar os pronomes pessoais persiste até os 6 anos de idade, quando, gradualmente, aprende a falar de si mesma na primeira pessoa e a dirigir-se aos outros na segunda.[14] Enquanto isso, fala de si mesma na terceira pessoa.

Das onze crianças observadas por Kanner, sete foram consideradas surdas. Ele atribui isso ao fato de que essas crianças repetem em eco o que lhes é dito e, não raro, torna-se necessário repetir várias vezes a pergunta ou a ordem antes de se obter, "nem que seja em eco", uma resposta. Assinala também, como razão para serem consideradas surdas ou não ouvirem bem, o fato de que são crianças que possuem uma "necessidade poderosa de não serem perturbadas", pois tudo que vem de fora, que altera seu meio "externo ou interno", representa "uma intrusão assustadora" (KANNER, [1943] 1997, p. 160).

Essa delicada escuta de Kanner nos inspira na nossa, indicando-nos caminhos para nos aproximarmos dessas crianças sem ser esse intruso assustador no dispositivo de tratamento.

---

[14] Muitas crianças são treinadas em terapia cognitiva para esse empreendimento.

Kanner ([1943] 1997, p. 161) nos diz também que a primeira intrusão vinda do exterior para a criança é a alimentação. Para ele, a rejeição do mundo exterior é expressa, por vezes, na rejeição à comida. Ele vai trazendo, de sua observação, os fatos que fundamentam sua afirmação: "Donald e Paul vomitaram durante o primeiro ano de vida; Bárbara teve de ser alimentada por sonda até um ano; Herbert, Alfred e John apresentaram distúrbios alimentares graves desde o início".

Quando a criança come satisfatoriamente bem ou passa a fazê-lo – acrescentamos –, estabelece um modo singular de lidar com os alimentos:

> Jerod pegou um nugget e começou a comer de um jeito imediatamente identificável para qualquer pessoa que tenha estado ao lado de crianças com autismo: girando, mordiscando as bordas e dando minúsculas mordidas, enquanto continuava a dar espiadelas para mim de vez em quando (BARNETT, 2013, p. 89).

As crises no entendimento de Kanner

Outra intrusão a que se refere Kanner está relacionada *aos ruídos fortes e aos objetos em movimentos*. Com a perspicácia de um clínico sensível e atento, ele vai alertando para o horror que desencadeiam nas crianças os ruídos fortes. Diz Kanner:

> Triciclos, balanços, elevadores, aspiradores, água corrente, bicos a gás, brinquedos mecânicos, batedeiras elétricas, mesmo o vento, puderam, em determinado momento, desencadear grandes *crises de pânico*. Uma destas crianças tinha, inclusive, medo de se aproximar do armário em que o aspirador era guardado. As picadas, assim como exames estetoscópicos ou otoscópicos, geravam *crises emocionais graves* (KANNER, [1943] 1997, p. 161).

Não obstante, Kanner afirma que não é o barulho propriamente ou os movimentos que sideram a criança, mas o fato de introduzirem-se no seu isolamento e perturbar o modo de "defesa" que ele constitui. Paradoxalmente, diz Kanner, uma criança autista pode produzir fortes ruídos, tão fortes quanto os que ela teme, e deslocar objetos, conforme sua própria deliberação e vontade.

Temple Grandin e Margaret Scariano, em seu livro *Uma menina estranha*, testemunham estas afirmações de Kanner, com uma incrível precisão:

> Seja qual for a razão, eu gostava de girar meu corpo ou fazer rodar moedas, tampas de lata, horas a fio. Intensamente entretida com o movimento da moeda ou da tampa que girava, não via nem ouvia nada. As pessoas a minha volta se tornavam transparentes. Nenhum som se intrometia em minha fixação. Era como se eu fosse surda. Nem mesmo um barulho forte e repentino conseguia me assustar ou fazer-me sair de meu mundo. Mas quando estava no mundo das pessoas, era extremamente sensível aos ruídos... era para mim um pesadelo de som, violentando meus ouvidos e minha própria alma. Estes sons não se limitam a assustar crianças autistas, mas causam-lhe um imenso desconforto (GRANDIN; SCARIANO, 1999, p. 29).

A obsessão ansiosa de permanência

Kanner observa que tanto os movimentos e atos quanto os ruídos das crianças autistas são "repetições monótonas", como são suas falas. A variedade de suas atividades espontâneas é bem restrita. Isso se deve, para ele, a esta "obsessão ansiosa de permanência" que ninguém pode romper, a não ser ela mesma. O desespero delas pode advir, alerta Kanner, quando se alteram suas ações de rotina diária, móveis, esquemas que montam. Ele encontra na fala dos pais matéria para esta afirmação: "Quando os pais de John mudaram de casa, a criança caiu em desespero... Permaneceu extremamente perturbado até que viu que na casa nova os móveis do quarto tinham sido dispostos na mesma maneira que antes" (KANNER, [1943] 1997, p. 161).

Kanner observa que se os cubos, bolinhas, bastões ou outros objetos forem agrupados, devem permanecer assim, pois a memória da criança é "fenomenal". Conta que se pode notar que mesmo que se passem muitos dias, as crianças serão capazes de dispor os objetos na mesma ordem, da mesma maneira. Se alguém muda a ordem, a criança pode ser tomada de pânico, até que retome a ordem disposta.

Outro aspecto importante observado por Kanner ([1943] 1997, p. 162) se refere ao insuportável da "incompletude" ou, diríamos, de pontos de falha, atribuídos por ele, à insistência sobre a ausência de alteração. Qualquer atividade deveria ser realizada do princípio ao fim, como da primeira vez, ou seja, toda ação deve ser "completa". "Uma criança, vendo uma boneca com um chapéu e a outra sem, não pôde ser acalmada enquanto o chapéu não foi reencontrado e colocado na cabeça da boneca".

Essas observações são preciosas para cultivarmos o respeito e a consideração com as saídas que elas inventam para suportar o caos que o autismo impõe.

Assim, conclui Kanner ([1943] 1997, p. 163), "o medo de mudança e incompletude parece ser um fator essencial na explicação da repetição monótona e da limitação na variedade da atividade espontânea que dela decorre".

Mais uma vez, Kanner interpela qualquer tentativa de ver nessas crianças "déficits" de inteligência, mas nos ensina que a restrição e as repetições das ações são fruto de *estratégias montadas pela própria criança*.

A alfabetização e a leitura na visão de Kanner

É também notando a lógica de *permanência e de limitação da variedade da atividade espontânea* que Kanner (1997[1943], p. 163) nos adverte sobre as eventuais dificuldades de uma criança com a leitura e a alfabetização. Ele nos alerta para o fato de que, frente às severas dificuldades de "apreensão da globalidade", sem atenção aos elementos constitutivos, podem "não se adaptar aos métodos globais e devem aprender a construir as palavras a partir de elementos alfabéticos".

Kanner ([1943] 1997, p. 163) diz que esta pode ser uma das razões pelas quais as crianças que observou, embora "tivessem idade suficiente para aprender a ler, tornaram-se imediata e excessivamente preocupadas com a ortografia das palavras". Acentua o fato de que algumas crianças podem ficar muito perturbadas ao verificarem que palavras homofônicas são escritas de modo diferentes.

Naoki Higashida, com seus 13 anos, escreve o livro *O que me faz pular* (2014) e ali descreve aspectos de um método de alfabetização e sua experiência com a escrita:

> Desde o primeiro dia em que minha mãe me ajudou guiando minha mão para escrever, eu comecei a descobrir uma nova forma de interagir com as pessoas. Mamãe inventou a prancha de alfabeto para garantir um meio mais independente de comunicação. Com ela, pude formar minhas palavras apenas

apontando para as letras, em vez de ter de escrevê-las uma a uma. Isso também ajuda a fixar as palavras, que desapareceriam assim que eu tentasse dizê-las. Enquanto aprendia esse método, eu muitas vezes me sentia completamente derrotado. Mas afinal cheguei ao ponto em que podia indicar as letras sem ajuda (HIGASHIDA, 2014, p. 28).

Desse modo, Kanner coloca em pauta as dificuldades de leitura e escrita que autistas podem ter com métodos "globais tradicionais", mas também e, com vigor, a possibilidade potencial de acesso à leitura e à escrita que crianças autistas têm desde que, como demostram os escritores, sejam respeitadas e consideradas suas singularidades com tais experiências. Questão que não poderíamos deixar de assinalar, posto que muitos educadores e até familiares, frente a esta "limitada variedade" de atividades, não conseguem ver nessas crianças o potencial de aprendizado e sua prontidão para o letramento.

Diz Kanner:

A incapacidade de apreensão da globalidade, sem prestar atenção aos elementos constitutivos, evoca um pouco a situação destas crianças que, tendo dificuldades específicas de leitura, não se adaptam aos métodos modernos globais e devem aprender a construir as palavras a partir de elementos alfabéticos (KANNER, [1943] 1997, p. 163).

Assim, temos indicações das possibilidades de criar formas e métodos de ensino/aprendizagem para autistas.

A boa relação com os objetos segundo Kanner

Não passou despercebido para Kanner ([1943] 1997, p. 163) a *boa relação com os objetos* que "não alteram a aparência nem a posição, que conservam a identidade e nunca ameaçam o isolamento da criança". As crianças podem interessar-se por eles e passar horas entretidas com eles. Kanner assinala ainda a ligação extrema que o autista pode estabelecer com um desses objetos ou a raiva que sente quando não pode dominá-lo, fazendo-o, por exemplo, caber num determinado espaço.

Kanner ([1943] 1997, p. 163) vai descrevendo a singular relação com os objetos estabelecida pelas crianças por ele observadas: "Donald e Charles começaram, durante o segundo ano de vida, a exercer este poder, fazendo rodar qualquer objeto capaz disso e saltando com os pés juntos, em êxtase, olhando os objetos girar sobre si mesmos".

Outra criança, Frederick, descreve Kanner ([1943] 1997, p. 164), "saltava com pés juntos em júbilo quando brincava com as estacas e as via cair". O autor lembra que a criança autista usa do mesmo modo seu corpo, "balançando-se e fazendo outros movimentos rítmicos".

Essa precisa compreensão de Kanner sobre os tipos de objetos com que as crianças estabelecem boa relação e com aqueles que lhes causam horror e pânico nos possibilita pensar no destino e na função dos objetos eleitos ou não pelas crianças autistas sob tratamento, dando-nos indicações do modo delicado com que havemos de tratar esta relação na clínica. Questão que também retomaremos posteriormente.[15]

O modo diferente de relação
dos autistas com as pessoas

Sobre as relações com as pessoas, Kanner ([1943] 1997, p. 164) vai dizer o quanto estão em esfera diferente da relação com os objetos. Ele nota, de saída, que as crianças que observou se voltavam para os brinquedos e objetos da sala, "sem prestar a menor atenção" às pessoas presentes, mesmo conscientes de suas presenças lá. Para ele, se as pessoas "deixassem as crianças tranquilas", representava para elas "a mesma coisa que a escrivaninha, a prateleira ou o armário". Ele se dá conta também de que poderiam se dirigir à criança sem que ela se incomodasse, mas apenas respondia completamente uma questão quando era repetida com insistência, para "livrar-se" e voltar ao que estava fazendo.

Atento às idas e vindas das pessoas na presença de autistas, o autor conclui que mesmo a ausência ou presença da mãe parecia não contar. As conversas travadas na sala pareciam também não despertar nelas qualquer interesse. Deslocando-se entre as crianças, um adulto que não "penetrasse em seu domínio" era por ela tocado docemente na mão ou no joelho, da mesma forma com que tocam no móvel ou no sofá. Mas, diz Kanner:

---

[15] Esse tema tem sido foco de interesse de psicanalistas em suas pesquisas. Verificar: Maleval (2009b, 2009c); Monteiro (2016).

Nunca olhava ninguém no rosto. Se um adulto se introduzia à força, retirando um cubo ou colocando o pé sobre o objeto de que a criança tinha necessidade, esta lutava e ficava com raiva da mão ou do pé tratados como objetos em si e não como membros de uma pessoa. Nunca dirigia uma palavra nem lançava um olhar ao dono do pé ou da mão. Picado, tinha medo do alfinete e não da pessoa que o havia picado (KANNER, [1943] 1997, p. 164).

Kanner ([1943] 1997, p. 164) acentua o fato de que, nas instituições, as relações com as pessoas ou com outras crianças não eram diferentes disso. "A busca de um isolamento profundo domina todo o comportamento." Mas vai também descrevendo aquilo que as crianças autistas podem conseguir nas relações pessoais, tais como poder obedecer a determinadas ordens e executar atividades de rotina diária. Contudo, não deixam de lado seus "rituais".

Para Kanner ([1943] 1997, p. 165), quando um autista está no social, desloca-se entre as pessoas "como um estranho", e, na companhia de outras crianças, "não brinca com elas, mas sozinho, entre elas, sem manter nenhum contato, nem através de seu corpo, nem através da linguagem". Ainda segundo ele, os autistas não competem nos jogos, assistem-nos. Diz também que "são capazes de familiarizarem-se com os nomes das crianças do grupo, podem conhecer a cor dos cabelos de cada uma delas e outros detalhes".

Essas observações nos são caras para a compreensão daquilo que nos interessará na relação do sujeito com o Outro no campo da psicanálise.

As boas potencialidades
cognitivas dos autistas em Kanner

Kanner ([1943] 1997, p. 165) não se deixou enganar pelo restrito repertório que tais crianças apresentam tanto nas ações quanto na linguagem ou nas relações sociais, assegurando que "mesmo que a maioria dessas crianças tenha sido considerada, em um momento ou outro, como fraca de espírito, é sem dúvida, dotada de boas potencialidades cognitivas".

Kanner ([1943] 1997, p. 165) descreve as crianças autistas como aquelas cujas "fisionomias" são "notavelmente inteligentes" mostrando grande "profundidade de espírito". Assegura também que, se essas crianças são deixadas a sós com seus objetos, elas "ostentam, frequentemente, um sorriso tranquilo e um ar de beatitude" e, por vezes, mostram uma "tensão ansiosa" na presença dos outros, já que preveem o "dissabor de incômodo eventual".

> O vocabulário incrível das crianças que adquiriram a linguagem, a excelente memória para acontecimentos ocorridos há vários anos, a fenomenal capacidade de decorar poemas e nomes e lembrar-se precisamente de esquemas complexos testemunham boa inteligência no sentido comumente aceito deste termo (KANNER, [1943] 1997, p. 166).

Contudo, essa consideração de Kanner ([1943] 1997) não foi suficiente para fazer essas crianças escaparem de uma não rara inscrição no campo das "deficiências", contribuindo para sua exclusão e também para o pouco investimento de esforços em seu ensino e aprendizagem por parte de educadores e agentes de cuidado.

Ressaltamos um equívoco muito recorrente que circula em vários campos de saber, que é considerar as crianças autistas de Kanner com déficits de inteligência, e as descritas por Asperger, aquelas chamadas de "alto funcionamento", como inteligentes e capazes. Embora só as de Asperger sejam tomadas como "capazes", assim como as primeiras, elas têm suas "ilhas de interesse".

O pediatra austríaco Hans Asperger, em 1944, um ano após as considerações de Kanner, apresenta sua tese de livre docência na Faculdade de Medicina, com casos atendidos na Clínica Infantil da Universidade de Viena. Enquanto o trabalho de Asperger tinha origem no Departamento de Educação Especial da clínica pediátrica, sofreu influências da "Pedagogia Curativa de Rudolf Steiner" e visava à relação psicologia e educação, o de Kanner teve seu foco no diagnóstico do autismo no âmbito psiquiátrico.

As crianças que Asperger ([1944] 1991) descreve apresentavam aquilo que nomeia de *Psicopatia autística infantil*. Segundo ele, trata-se de uma síndrome caracterizada por dificuldades de integração social das crianças, cujos sintomas apareciam após o terceiro ano de vida, sem, contudo, apresentar grandes problemas de linguagem, possuindo grande inteligência.

Asperger as descreve como aquelas que podem compensar suas deficiências por um alto nível de pensamento e experiência pessoal, levando-as a grandes êxitos na vida adulta, sendo, portanto, um tipo de criança peculiar e interessante.

Esses comentários de Asperger, colocados em relevo pelos inúmeros estudiosos, clínicos e educadores, contrastam com a surdez às premissas de Kanner, tomando as crianças autistas, chamadas "kannerianas", com pouco ou nenhum potencial cognitivo – o que queremos descontruir.

No artigo "A relação entre síndrome de Asperger e o autismo de Kanner", Wing (1991) faz um estudo comparativo entre os dois autores, buscando pontos em comum e encontrando muita similaridade nos seus discursos. A psicopatia autística infantil de Asperger passa a ser conhecida como *síndrome de Asperger*, cujo fundamento é o *autismo de alto funcionamento*. A autora demonstra as diferenças entre os dois, sobretudo assinalando que Asperger fala de crianças cujo desenvolvimento da linguagem, diferente daquelas descritas por Kanner, se deu antes mesmo da fase escolar e que apresentavam vocabulário bem amplo, buscando manter contato com as pessoas, mesmo sendo socialmente isoladas, e seu pensamento original, bem como seu repertório de interesses, são direcionados para assuntos de pouca utilidade prática e quase sempre abstratos.

Para Asperger (1991), com uma fala não raro pedante e com inflexão de adulto, essas crianças inventam palavras e têm pouco senso de humor. Se é comum que colecionem objetos de modo obsessivo, diferentemente das crianças descritas por Kanner ([1943] 1997), apresentavam um apego exagerado a pessoas selecionadas e eram menos desinteressadas que inaptas nos contatos sociais.

Uma vez feito este enlace entre Kanner e Asperger, não é incomum a leitura de que existem as crianças de "alto funcionamento" – entendendo por isso as crianças inteligentes e capazes – e aquelas "kannerianas", ou "deficientes". Daí nosso esforço para ressaltar as proposições de Kanner sobre a potencialidade cognitiva e a inteligência dessas crianças, que nada deixam a dever neste quesito ou em outros às crianças descritas por Asperger.

Algumas considerações de Kanner
sobre a etiologia do autismo

Sua hipótese é de que o autismo seja decorrente de "fatores constitucionais". Kanner sustenta a tese de que as crianças autistas "vieram ao mundo com uma incapacidade inata de estabelecer contato afetivo habitual com as pessoas, biologicamente previsto, exatamente como as outras crianças que vêm ao mundo com deficiências físicas ou intelectuais" (KANNER, [1943] 1997, p. 170).

Paradoxalmente, diz que, embora o "fechamento autístico" extremo dessas crianças desde o início de sua existência torne difícil atribuir "todo esse quadro exclusivamente ao tipo de relações parentais precoces", não encontrou pais "calorosos", deixando entrever que o estado dos filhos teria alguma relação com as características dos pais descritos por ele como "intelectualizados, obsessivos, pessoas preocupadas com coisas abstratas, sejam elas de natureza científica, literária ou artística", estabelecendo entre si "relações frias e formais" (KANNER, [1943] 1997, p. 170).

Assim, diferente de Asperger (1991) – que atribuiu ao estado das crianças uma deficiência biológica, especialmente genética mais que caminhos para desvendar os enigmas da origem do autismo –, Kanner vai dando, como vimos, pistas bastante controversas.

O crédito de Kanner na evolução e no progresso de crianças autistas

Kanner vai descrevendo com entusiasmo a maneira "interessante" com que as crianças evoluíram, exceto uma que foi colocada numa escola para crianças "retardadas". Aqui ele já nos alerta para o quanto pode ser nocivo para uma criança sua institucionalização, principalmente num lugar dessa natureza.

Mesmo que seu "desejo fundamental de isolamento e a ausência de mudança permanecessem idênticos", a interessante maneira com que as crianças evoluíram refere-se tanto ao fato de uma "ruptura da solidão" em "grau variado" quanto à aceitação de pessoas pelas crianças e ao "aumento suficiente do número de situações vividas para refutar a impressão anterior de extrema limitação do conteúdo ideacional da criança" (KANNER, [1943] 1997, p. 165).

Diz Kanner ([1943] 1997, p. 169) que a linguagem passa a ser cada vez mais utilizada para comunicar; a ecolalia é deixada de lado; aprendem a usar pronomes pessoais; a alimentação é aceita sem dificuldade; o contato com certo "número limitado de pessoas é estabelecido", mesmo que pessoas sejam consideradas como "calamidades"; começam a brincar em grupo, mesmo que fiquem na periferia dele; a leitura é rapidamente adquirida, embora leiam "monotonamente". Os ruídos e os movimentos são mais tolerados. Todas essas circunstâncias levam a família a perceber que, apesar de "diferente", a criança autista pode obter "melhora e progresso".

O entusiasmo de Kanner ([1943] 1997, p. 169) ao perceber que essas crianças, com suas "fascinantes particularidades", são passíveis de boa evolução em vários aspectos, não pode deixar de chegar a nós e merece, a cada vez de novo, ser lembrado e divulgado. Entendemos que, muitas vezes, a pouca evolução de crianças autistas se deve menos às suas impossibilidades e mais aos poucos ou inadequados empreendimentos a ela ofertados.

De nossa leitura de Kanner, depreende-se mais um ensinamento fundamental: se no mar das "características comuns essenciais" as diferenças individuais dessas crianças ficam submersas, à psicanálise cabe, insistentemente, retificar e encontrar o sujeito, sua singular forma de estar no mundo e de lidar com ele.

O que os autistas nos ensinam

O poço escuro do autismo
descrito pelos autistas e seus pais

Mais de setenta anos se passaram desde as primeiras premissas de Kanner, e os pais e os próprios autistas relatam muito de seus postulados e como o autismo os exila do Outro e do mundo.

Aqui, buscaremos apresentar os elementos que julgamos ter fundamental importância para pensarmos, posteriormente, o tratamento psicanalítico dos autistas: o autismo e seu funcionamento; o diagnóstico e sua incidência nos pais e na criança; o olhar; a voz; o Outro; a linguagem; os objetos.

Junto a tais elementos, destacamos também na escrita de pais, nas poucas referências trazidas pelos irmãos de crianças autistas e, mais especialmente e com mais vigor, a escrita dos próprios autistas sobre sua condição, pondo em relevo, além dos elementos destacados acima, aspectos relativos à hipersensibilidade a ruídos, cheiros, tato; a relação com o espaço e tempo; o corpo e seus avatares. Tomamos também como foco de nossa leitura, inspirada pela psicanálise, o que vamos chamar aqui de tentativas de *soluções dos autistas*.

Se em alguns campos de saber o autismo, tal como a psicose, é uma "doença" a ser extirpada, para a psicanálise é um trabalho de autotratamento daquilo que sidera, avassala e consome o sujeito: o Real. Assim, na literatura de autistas e de pais de autistas pudemos localizar não só o que é para eles o autismo, mas, ao mesmo tempo e no mesmo gesto, identificar nos seus escritos suas estratégias de "compensação", suas invenções de coordenadas compensatórias, suas tentativas de soluções, que à luz da psicanálise entendemos como modos de tratamento do Real que o autismo constitui.

Diz a mãe, em Barnett (2013):

> Toda mãe já teve um momento de desatenção durante as compras. Você pensa: Hum, esse vestido é bonito. Será que tem meu número? E quando se vira, seu filho não está mais em lugar nenhum, desapareceu no ar. Essa sensação de terror que aperta a garganta quando você começa a chamar loucamente o nome da criança – esse momento é a sensação que se tem de ver o filho desaparecer no poço escuro do autismo. Mas, em vez dos poucos segundos terríveis antes de o rostinho aparecer por trás do cabide de calças de ginástica, o momento de desamparo e desespero pode durar anos, ou uma vida inteira (BARNETT, 2013, p. 33).

Ao descrever o autismo do filho, como se lhe escapasse, um pai usa metáforas contundentes e, com extrema acuidade de escuta e percepção, nos faz compreender melhor aspectos como a hipersensibilidade nos autismos:

> Sua cabeça, então, é um cômodo onde vinte rádios, todos sintonizados em emoções diferentes, berram vozes e música. Não há como desligá-los ou controlar o volume. Esse lugar não possui portas ou janelas, e o alívio só chega quando se está cansado demais para continuar acordado. Para piorar a situação, outro editor não identificado também desapareceu sem dar satisfações – o que controlava seus sentidos. De repente, as informações sensoriais do ambiente onde você vive também invadem sua mente, sem filtro de qualidade e em quantidade esmagadora. Cores e formas flutuam e exigem sua atenção. O amaciante de roupas no seu suéter tem um cheiro tão forte quanto o de um purificador de ar borrifado direto em suas narinas. Aquele jeans confortável agora parece arranhar como palha de aço (MITCHELL, 2014, p. 8).

O pai prossegue na tentativa de transmitir o que sente e vive, aquilo que pôde produzir de saber sobre seu filho. Saber que muitos especialistas negligenciam ou, por vezes, destituem para fazer prevalecer o seu próprio, ainda que teórico. Esta destituição de saber dos pais ou a negligência de técnicos a este saber nos fez trazer aqui, em detalhes, a escrita desse e de outros pais, como fonte – como as outras que trazemos – de conhecimento que nos instiga a produzir nosso próprio saber ou a interrogar, por vezes, o nosso, para construção de outros e saberes inéditos.

Sua orientação espacial e sua sensibilidade proprioceptiva também estão comprometidas, então o chão balança e você não tem noção de onde os braços e pés estão em relação ao resto do corpo. Você pode sentir os ossos do crânio, os músculos faciais e o maxilar: sua cabeça está enfiada em um capacete de motociclista, apertado demais, o que pode ou não explicar por que o ar condicionado soa tão ensurdecedor quanto uma furadeira elétrica, mas seu pai, que está logo ali na frente, parece falar com você por um telefone celular de dentro de um metrô lotado, e em cantonês fluente. Você não consegue mais entender a língua materna, ou qualquer outra de agora em diante, todas são estrangeiras. Até sua noção de tempo se foi, o que o deixa incapaz de distinguir um minuto de uma hora, como se estivesse eternamente sepultado num poema de Emily Dickinson ou ficasse preso em um filme de ficção científica sobre viagens no tempo. No entanto, poesias e filmes acabam; sua nova realidade não. O autismo é uma condição para a vida inteira (MITCHELL, 2013, p. 8-9).

Detenhamo-nos um pouco sobre o que diz a mãe de um autista, o modo como pensa e vê o que acontece no autismo:

Ele ficava brincando sozinho, parecia profundamente envolvido. Para os outros, podia parecer que ele estava simplesmente ausente, mas eu não via seu foco como vazio. Quando girava uma bola na mão, ou desenhava incansavelmente formas geométricas, ou revirava uma daquelas caixas de cereal no chão, ele me parecia completamente tomado. Sua atenção não soava aleatória ou impensada. Ele parecia alguém perdido em algum trabalho muito importante, muito sério. Infelizmente não podia dizer qual era (BARNETT, 2013, p. 49).

A leitura feita por Barnett (2013) em muito se assemelha à de vários psicanalistas, inclusive à nossa leitura, de que o sujeito acometido pelo autismo encontra-se em permanente trabalho de se haver e de se arranjar com ele. Veremos mais adiante como os próprios autistas falam de seu trabalho.

Os pais vão dando detalhes de suas descobertas iniciais sobre o "desaparecimento" do filho no autismo, suas percepções e sua aguçada observação de cada nuance apresentada pelo filho. Esses detalhes são de muita valia para nós, psicanalistas, pois nos ensina e nos coloca no passo de nossa função: buscar, nas falas que se repetem sobre seus comportamentos, o singular e inédito de cada criança, encontrando o sujeito, quiçá, engendrando-o.

> Aos dois anos e meio Jake era uma sombra do menininho que havia sido. A maior parte do tempo, nem se percebia que ele estava na sala. Havia parado de falar completamente. Não fazia mais contato visual com ninguém, nem respondia quando se falava com ele. Se você o abraçava, ele te empurrava. O melhor que se podia esperar era que ele nos deixasse carregá-lo por alguns segundos enquanto nos ignorava, olhando sombras na parede. Jamais pedia comida e bebida e só comia coisas simples, preparadas e servidas de maneiras especiais. Eu tinha de ficar atenta ao seu consumo de líquido para que não se desidratasse (BARNETT, 2013, p. 38).

Essas observações pungentes de uma mãe nos remetem de imediato ao entendimento não somente das saídas que um autista inventa, tais como empurrar o outro, ignorar, olhar as sombras na parede, para suportar o Outro insuportável. O tratamento da demanda, quase inexistente para o autista – "jamais pedia comida ou bebida" –, assim como o que pode recusar – "nem respondia quando falava com ele" – ou acolher de demanda do Outro – "que ele nos deixasse carregá-lo por alguns segundos enquanto nos ignorava" –, nos remete de imediato ao fazer do analista no tratamento da demanda.

> Pedro Ivo era tipicamente um bebê bonzinho, mas eu o achava casmurro. Não gostava de contato físico, nunca gostou de banhos de sol. [...] Quando as pessoas se aproximavam dele para mimá-lo, ele se enrijecia, fechava o semblante, chegava a chorar. [...] Muitas vezes nas pontas dos pés, perfeitamente, com passos harmoniosos, como um bailarino. O corpo, como que querendo alçar voo, acompanhava a alma daquele menininho que não demonstrava interesse pelas coisas. Gostava de ficar horas perdidas, apertando uma caixinha de fio dental que eu deixava em cima do sofá. Ficava ali, parado, apertando a caixinha, ouvindo o barulhinho da pressão que seu dedinho provocava, olhando o movimento da caixinha, saltitando no ar e, retornando ao sofá, recomeçava tudo de novo. [...] Eram raros os momentos em que eu notava que ele me via, me ouvia, e me repetia (OLIVEIRA, 2012, p. 29-31-32).

As questões sobre a recusa da presença e contato com o outro, a "ausência" aparente da criança e a relação ao Outro, estão presentes em todo seu relato sensível aos gestos do filho: "[...] Pedro se comportava muito estranhamente; adquirira o hábito de se isolar num canto e, alternadamente, girava objetos redondos ou berrava, não encarava ninguém com os olhos" (Oliveira, 2012, p. 40).

Da "obsessão pela permanência", como nos dizia Kanner (1997), a mãe dá mostras. Contudo, sabemos, com a psicanálise, que mais que obsessão pela permanência, são modos com que o sujeito rearranja o mundo e o domina.

> Nossa rotina noturna havia se tornado muito precisa. Como muitas crianças autistas, Jake gostava que os acontecimentos de sua vida fossem previsíveis. Então eu sempre fazia exatamente a mesma coisa quando o ajeitava na cama. Me inclinava, beijava sua testa e dizia: boa noite meu anjo. Você é o meu anjinho e eu te amo (Barnett, 2013, p. 61).

Poderíamos seguir trazendo uma infinidade de falas sobre o modo como os pais sensivelmente acolhem seus filhos e, mesmo sem compreender as razões, respeitam as saídas que eles arranjaram, buscando e construindo outras e novas. Não encobrem este real, com camadas espessas de sentido, mas estão sempre em busca de algo que impulsione mudanças e melhoras em seus filhos.

Os pais de autistas e a angústia

Para Freud ([1925] 1996e, p. 131), angústia é uma reação a uma situação de perigo remediada pelo "eu" que faz algo para evitar o desenvolvimento de angústia. Na Conferência XXXII de 1933, "Angústia e vida pulsional", o perigo é o que imprime à experiência psíquica um estado de excitação marcadamente intensa que é sentida como desprazer e *que não é possível dominar descarregando-a*. A uma situação de *desamparo* dessa espécie, Freud chamou de *momento traumático*, distinguindo-o de uma situação de perigo que nada mais é do que *a expectativa* de sobrevir à situação traumática. É aí que o sinal de angústia é emitido no sentido de alertar o sujeito para a situação de desamparo. O "eu" se antecipa frente à possibilidade de repetição do momento traumático, do desamparo, e emite o sinal de angústia. Nesse sentido, a angústia tem uma *função protetora*.

Lacan, em *O seminário, livro 10: a angústia* (1962-1963), vai dizer que a angústia sinal de que fala Freud é sinal do real. "Do real, portanto, de uma forma irredutível sob a qual esse real se apresenta na experiência, é disso que a angustia é sinal" (2005, p. 178).

Os pais recebem não somente a impossibilidade de contato físico, mas o diagnóstico e o cotidiano da relação com o filho autista com muita angústia. Muitas vezes ela é aguçada pela palavra de especialistas. Destacaremos, nos escritos de pais de autistas, não somente a angústia advinda do laço com o filho, mas o saber de experiência sobre o autismo, o que puderam formalizar. Podemos dizer: o que funciona como borda ao real, inapreensível, esse impossível de dizer que sustenta "a repetição infindável".

Kristine Barnett (2013) prossegue seu contundente relato, e nos diz da angústia frente ao real do autismo.

> Nosso menino, um dia afetuoso, não falava conosco, não nos abraçava, não dizia que nos amava. Nem olhava para nós, a menos que acontecesse de um de nós estar no caminho de uma das sobras que ele observava. [...] As pessoas me perguntavam qual era a coisa mais difícil em ter um filho autista, e para mim a resposta era fácil. Qual mãe não quer ouvir seu filho dizer que a ama ou sentir seus braços em torno do pescoço? (BARNETT, 2013, p. 51, 61).

Em preciosas observações de seu saber sobre o autismo, alguns pais relatam também sua angústia frente ao filho e à sua posição de pai:

> O autismo também não é moleza para os pais e acompanhantes, e criar um filho ou filha que tenha essa condição não é trabalho para medrosos – na verdade, o medo está com os dias contados quando surge a mais ínfima desconfiança de que tem alguma coisa estranha com seu filho de um ano e meio. No dia do diagnóstico, um psicólogo infantil dá o veredito acompanhado de um velho clichê educado, como seu filho continua sendo aquele mesmo garotinho que ele era antes de essa notícia divisora de águas se confirmar. Daí você passa por um corredor polonês: "Isso é tão triste", "Espero que você não vá aceitar esse suposto "diagnóstico" sem tomar providência!". [...] O sopro de esperança é que a medicina desistiu de botar a culpa do autismo na sua esposa, por ser uma "mãe-geladeira", como acontecia há pouco tempo (pais-geladeira não foram encontrados para prestar declarações) e que não vivemos mais numa sociedade em que autistas são considerados bruxas ou demônios e tratados dessa forma (MITCHELL, 2014, p. 10).

Tais relatos nos dão indicações clínicas precisas e nos impõem acolher, na escuta, os pais, e cada um, dando tratamento à angústia.

O diagnóstico de autismo
e as incidências sobre a família

No capítulo intitulado "Dentro do diagnóstico" Barnett nos dá a compreensão de que este "dentro", nada tem a ver com "estar por dentro", produzir saber sobre o diagnóstico, mas do encapsulamento que os pais experimentam frente ao diagnóstico, tal aquele de seu filho autista:

> "Penso nesse ano como o ano em que vivi dentro do diagnóstico." Evidentemente, o peso sobre as famílias com filhos autistas é extremo, e os efeitos colaterais bem documentados. É de conhecimento geral que a taxa de divórcios dispara depois que a criança é diagnosticada (BARNETT, 2013, p. 42).

A mãe relata o passo a passo angustiante e cheio de errâncias da busca de um diagnóstico. Uma verdadeira saga a que são submetidos, de profissionais em profissionais, muitas vezes, destituindo o ideal com que abraçavam seus filhos, cuja derrocada os deixa sem chão e sem rumo.

> [...] Berrar é a palavra mais próxima do som que ele produzia. Não era choro de criança. [...] Eu e o pai de Pedro resolvemos buscar um diagnóstico para aquilo. Comum é que não era, não dava mais para negar. Resolvemos começar pelo maior sintoma aparente. Pedro Ivo já tinha dois anos e não falava. Parecia surdo, não dava ouvidos a nada, aparentemente, pois eu tinha certeza de que ouvia muito bem. [...] O fonoaudiólogo constatou sua audição, a perfeição de suas cordas vocais e nos remeteu a um otorrinolaringologista que fez testes de impedância e audiometria. Tudo bem, dentro dos parâmetros da normalidade. O otorrino nos devolveu ao fonoaudiólogo, que por sua vez, pediu a colaboração de uma psicóloga, essa fez entrevista conosco usando uma técnica chamada anamnese, teve breve contato com Pedro Ivo. A entrevista de devolução foi sem rodeios: autismo (OLIVEIRA, 2012, p. 40).

Essa mãe relata com precisão aquilo que os pais vivem, de modo geral, indo de especialistas a especialistas; algumas vezes, com algumas variações:

Pediatra → fonoaudiólogo → otorrinolaringologista → fonoaudiólogo → psicólogo comportamental.

Muitas vezes, a criança para ali, na fonoaudiologia, que, muitas vezes, sugere consulta com psiquiatra e/ou neurologista. Não são raras variações neste caminho:

Pediatra → neurologista ou psiquiatra → fonoaudiólogo → terapeuta ocupacional.

Preocupa-nos o fato de que muitos profissionais, fundamentados na sua representação de "espectro de autismo", não vejam um sujeito ali e sua subjetividade, privando-o de um tratamento psíquico que poderia trazer muitos e variados progressos. Alguns, no máximo, cobiçam treinamentos e socialização – legítimos, mas pouco, frente ao muito que essas crianças apresentam de potencial.

A mãe define bem o sentimento frente ao diagnóstico, a corrida "contra o tempo", os "tiros no escuro e para todos os lados" – o que por vezes leva à piora do quadro ou à cristalização de sintomas.

Outras vezes, minam as esperanças dos pais frente a tantos e variados investimentos e poucas respostas satisfatórias:

> [...] Você come, respira e dorme autismo. Luta contra o autismo a cada momento desperto e quando adormece sabe que poderia – que deveria – ter feito mais. Como existem muitas provas de que a melhora depende da quantidade de intervenção que a criança recebe antes dos cinco anos, a vida com uma criança autista é uma constante corrida contra o relógio para fazer mais, mais, mais (BARNETT, 2013, p. 41).

Esse é um pouco do "estado da arte" dos pais, desde o diagnóstico. Dado "sem volteios", tem efeito de trauma. Acrescente-se aos profissionais e intervenções citados, uma multiplicidade de outras: musicoterapia, equoterapia, e muitos e muitos métodos que vão se somando aos que os pais, desesperadamente, testam: Floortime, Padovan, Son-Rise, Teacch, além de muitos outros a que os pais se veem impelidos a buscar, mesmo sem "saber no que vai dar".

Às vezes, crenças como essas e a posição dos próprios terapeutas, numa briga de exclusão e destituição de saberes, deixam as crianças e seus pais, como dissemos, sem o tratamento psíquico, privilegiando medidas educativas e de treinamento, de socialização e de interação social, deixando a subjetividade sem a mínima consideração, dada a representação que se tem do autismo, de sua "cerebralização".[16]

---

[16] Termo usado por Lima (2007).

> Imediatamente após o diagnóstico, vem a proposta de trabalho: três sessões semanais de acompanhamento em casa, com uma pessoa supervisionada por ela. A fonoaudiologia, a seu ver, era dispensável, pois a fala não estava ligada à técnica, mas ao emocional. Tudo isto ficava monetariamente muito caro (OLIVEIRA, 2012, p. 41).

Seguiremos com a discussão acerca do diagnóstico quando nos debruçarmos sobre o tratamento psicanalítico; contudo, não poderíamos deixar de trazer as considerações de Grandin e Scariano, que condensam não só as esperanças a partir do diagnóstico, mas também os equívocos que mobilizam e circulam com muita rapidez entre os envolvidos:

> Nos últimos tempos tenho lido o suficiente para saber que ainda existem muitos pais – e também, muitos profissionais – para os quais "uma vez autista, sempre autista". Este aforismo se traduziu em vidas tristes e desalentadas para muitas crianças que, como eu, receberam diagnóstico de autistas. Para estas pessoas – pais e profissionais – é inconcebível que as características do autismo possam ser modificadas e controladas. No entanto, estou fortemente inclinada a julgar que sou a prova viva do contrário. [...] Hoje estou com quase quarenta anos. Sou uma desenhista de equipamento de manejo de gado, uma das poucas profissionais do gênero existentes no mundo. No momento, estou completando meu doutoramento em etologia animal. Minha vida é normal e totalmente independente, livre de inquietações financeiras (GRANDIN; SCARIANO, 1999, p. 18).

Esse depoimento não só derruba preconceitos, mas interroga posições e práticas daqueles cuja aposta se reduz a técnicas de "adestramento" e treinamento, deixando subsumir o ineditismo, a potencialidade criativa e o saber de autistas, sejam aqueles descritos por Kanner ou aqueles definidos por Asperger.

A sabedoria silenciosa dos autistas

Extraímos, de nossa leitura da literatura de autistas, pontos cruciais que nos permitirão, posteriormente, como já dissemos, trazer nossa leitura clínica e o que é, para nós, possível no e a partir do tratamento psicanalítico dos autistas.

Comecemos com Grandin e Scariano (1999) que, em suas infindáveis tentativas de definir o autismo, deparam, como todos os envolvidos, com a "áspera matéria do enigma"[17] que ele constitui. Dizem que o autismo "é um distúrbio do desenvolvimento. Uma deficiência nos sistemas que processam informação sensorial recebida" e leva a criança a "reagir a alguns estímulos de maneira excessiva", enquanto a outros, dizem elas, "reage debilmente". Para elas, a criança se ausenta para "bloquear os estímulos externos que lhe parecem avassaladores" (p. 18).

Acrescentam a essas várias outras afirmações: "O autismo é uma anomalia da infância" [...] ele isola a criança de relações interpessoais" e diz ainda que a criança deixa o mundo a sua volta "permanecendo, em vez disso, em seu mundo interior" (p. 18).

As autoras vão inventariando as características de seus comportamentos, julgando ser "o que ocorre com crianças autistas": reação excessiva a certos cheiros e movimentos, como girar, e a sons. Seguem dizendo que pequenos movimentos podiam ter como resultado a "perseveração", que explica como "um comportamento em que a pessoa não consegue interromper uma atividade depois de começá-la, mesmo que deseje parar", dizendo que levava aqueles adultos que a cercavam à loucura (GRANDIN; SCARIANO, 1999, p. 19).

Mesmo apresentando várias proposições e respostas, Temple e Margaret seguem se perguntando: "Qual a causa do autismo?". Aí "reside um mistério", dizem. E prosseguem elencando as causas em tom interrogativo: "Será neurológica? Será fisiológica? Um trauma intrauterino ou rejeição pela mãe ou escassez de certas substâncias? Um caso de dano cerebral? Ou será psicogênico?" (GRANDIN; SCARIANO, 1999, p. 19).

Ainda essas autoras (1999, p. 19) vão debulhando frases sobre as opiniões divergentes de "profissionais de destaque", assinalando que "pesquisas indicam que certas partes do sistema nervoso central podem não se desenvolver de maneira adequada". Dizem também que "muitos milhões de neurônios que crescem no cérebro em desenvolvimento estabelecem algumas ligações erradas", e ainda afirmam ter encontrado pesquisas que mostram "defeitos no desenvolvimento neuronal" e concluem: "Mas o fato é que os sintomas, seja qual for a forma de autismo desenvolvida, permanecem os mesmos".

---

[17] Termo utilizado por Llansol (2008).

Mas quando falam de suas próprias experiências, as autoras desfilam suas emoções embrulhadas nos relatos, embora o façam na terceira pessoa: "O bebê não responde da mesma forma que os demais. Não é surdo, pois reage a sons. Mas suas reações a estímulos sensoriais são inconsistentes". Grandin e Scariano (1999, p. 19) retornam sempre à hipersensibilidade do autista, mais que a seu isolamento e solidão: "o perfume de uma rosa recém-colhida no jardim pode provocar um ataque na criança – ou fazê-la recolher-se a seu mundo interior". Prosseguem detalhando os sintomas do autismo: esquivar-se ao toque alheio, ausência de fala com significado, comportamentos repetitivos, acessos de raiva, sensibilidade a barulhos altos, falta de contato emocional com outras pessoas – concluem.

Os autistas e o impossível de suportar

Em breve nota sobre a abertura da Sessão Clínica, Lacan (1977) escreve que a clínica é "o real enquanto impossível de suportar". Esse impossível de suportar que nos lança ao campo da clínica.

Victor Mendonça, em *Outro olhar* (2015), vai, passo a passo, descrevendo seu impossível de suportar:

> Uma das coisas mais difíceis para quem tem Asperger são as armadilhas criadas pelo próprio cérebro dos portadores. [...] Nós realmente conseguimos pensar e fazer tantas coisas ao mesmo tempo, e isso pode se tornar um peso insuportável, porque nosso cérebro está sempre ligado em muitos pensamentos simultâneos, numa espécie de compulsão. É um dos aspectos mais dolorosos da síndrome (MENDONÇA, 2015, p. 35).

Não tão conhecido como Temple, Naoki Higashida, jovem autista japonês com um quadro de autismo com "sintomatologia severa", escreveu aos 13 anos *O que me faz pular* (2014). Nesse *livro de respostas*, vai demonstrando, no ato vivo de sua escrita, o autismo vivido e definido por um autista, a partir de perguntas que se faz ou que supõe que o leitor possa vir a fazer.

> Até hoje eu não consigo "fazer" uma conversa de verdade. Não tenho problemas em ler livros em voz alta e cantar, mas assim que tento falar com alguém, minha voz simplesmente desaparece. Claro que às vezes consigo articular umas poucas palavras, mas elas podem acabar dizendo o completo oposto

do que eu pretendia! Não consigo reagir de forma apropriada quando me dizem para fazer uma coisa e, quando fico nervoso, eu fujo, não importa onde esteja. [...] Não conseguir falar significa não compartilhar o que a gente sente e pensa. É como ser um boneco que passa a vida toda em isolamento, sem sonhos e esperanças (HIGASHIDA, 2014, p. 21, p. 27).

Donna Williams, autista australiana, embora na infância tenha sido frequentemente rotulada de débil e "autista de baixo funcionamento", é autora de vários livros. Trazemos recortes do que nos diz em *Meu mundo misterioso* (2012), sobre o autismo que experimenta e as soluções que inventa frente ao impossível de suportar.

> Com o tempo, terminei por aprender a me fundir em tudo o que me fascinava, os motivos do papel de parede ou do tapete, um barulho qualquer ou, melhor ainda, o ruído surdo e repetitivo que eu obtinha batendo no queixo. Desde então, as pessoas deixaram de ser um problema: suas palavras se dissiparam num murmúrio indistinto e suas vozes se reduziram a um catálogo de ruídos. Eu podia olhar através delas até não vê-las mais e mesmo, mais tarde, ter o sentimento de me ter fundido nelas. [...] Eu ficava estendida em minha cama, rígida e silenciosa, esperando o fim dos barulhos ensurdecedores das pessoas da casa, refugiando meu olhar nos filamentos transparentes que flutuavam sobre mim. [...] Minha visão era a tal ponto hipersensível, que as partículas que eu percebia construíam um primeiro plano hipnótico que tirava ao resto do "mundo" seu brilho e sua realidade (WILLIAMS, 2012, p. 28, p. 37).

Com Donna Williams podemos ver o trabalho difícil e constante de um autista, frente ao Real que o invade: fundir-se ao que o fascina para a relação com o Outro se dissipar; as vozes insuportáveis e invasivas se reduzirem a um "catálogo de ruídos"; refúgio do olhar frente à hipersensibilidade; retirada do mundo.

Colette Soler, ao discutir o "trabalho das psicoses", busca marcar a fronteira entre a psicose propriamente dita e as tentativas de solução; entre o que Lacan chama de "mártir do inconsciente" e o "psicótico trabalhador". O trabalho da psicose "será sempre para o sujeito uma maneira de tratar os retornos do real" (SOLER, 1993, p. 16).

Para ela, há diferentes tratamentos do real. Existem soluções em que o sujeito "civiliza a coisa pelo simbólico". Por vezes, o sujeito cria soluções que não recorrem ao simbólico, mas "procedem a uma operação real sobre o real" (Soler, 1993, p. 18). Essas soluções – nos adverte – não são equivalentes.

Acompanhando os autistas na clínica e em sua escrita, podemos dizer que também eles, longe de serem mártires do inconsciente, são trabalhadores do inconsciente e procedem ao trabalho de autotratamento do real.

Na polifonia das vozes dos autistas, podemos escutar como se arranjam com o real em jogo no autismo, com as desordens do gozo num corpo que, por vezes, não habitam; com a linguagem; com o outro e o Outro e com as insígnias de sua presença: o olhar, a voz; tanto quanto com os objetos, por vezes não destacáveis do "corpo" ou a ele integrados.

> Há muito tempo percebi que pessoas autistas costumam repetir perguntas, como se fossem papagaios. Em vez de responder, nós dizemos a mesmíssima coisa de volta para quem perguntou. [...] Devolver a pergunta é uma forma de peneirar nossas lembranças em busca de pistas sobre aquilo que a pessoa quer saber. [...] Para mim, fazer contato visual com uma pessoa enquanto falo é um pouco assustador, daí tento evitar isso. Para onde, então, eu fico olhando? Você poderia achar que é para baixo ou para o ambiente. Mas estaria enganado. Na verdade, olhamos para a voz da outra pessoa. As vozes não são coisas visíveis, mas tentamos ouvir a outra pessoa com todos os nossos órgãos do sentido. Se alguém não consegue discernir o que vê, é o mesmo que não ver nada (Higashida, 2014, p. 28-29, 33).

Naoki Higashida (2014) nos ensina ainda que "para um autista o fato de ser tocado significa que a outra pessoa está exercendo controle sobre um corpo que nem mesmo seu dono é capaz de controlar direito. É como se perdêssemos o que somos". Ele nos faz compreender também que existe um pânico de sentir que, ao serem tocados, seus pensamentos "possam se tornar visíveis". Assim, a solução é ele mesmo quem explica: "Levantamos uma barreira ao nosso redor para manter os outros do lado de fora" (Higashida, 2014, p. 63-64).

Das estereotipias e de sua importante função, muitos autistas nos dão mostras. Grandin e Scariano (1999, p. 29) nos indicam o tratamento do real pelo real, as bordas compensatórias e a maneira peculiar de muitos autistas de dar tratamento à angústia.

Seja qual for a razão, eu gostava de girar meu corpo ou fazer rodar moedas, tampas de lata, horas a fio. Intensamente entretida com o movimento da moeda ou da tampa que girava, não via nem ouvia nada. As pessoas à minha volta se tornavam transparentes. Nenhum som se intrometia em minha fixação. Era como se eu fosse surda. Nem mesmo um barulho forte e repentino conseguia me assustar ou fazer-me sair de meu mundo. Mas quando estava no mundo das pessoas, era extremamente sensível aos ruídos... era para mim um pesadelo de som violentando meus ouvidos e minha própria alma. Estes sons não se limitam a assustar crianças autistas, mas causam-lhe um imenso desconforto.

Poderíamos seguir trazendo uma infinidade de exemplos oferecidos pelos pais e pelos próprios autistas que escutamos e lemos, sobre as soluções que engendram frente ao real. Cabe-nos, pois, frente a essa riqueza de soluções e de potencialidades criadoras do sujeito no autismo, indagar: como um analista pode intervir, e mediante que operações, no autotratamento do real? Questão que nos concerne na discussão sobre os embaraços de um analista no tratamento de um autista.

A psicanálise e os autismos

Impasses do diagnóstico em vários campos e suas incidências na psicanálise

Nossa pesquisa, tanto bibliográfica quanto com os psicanalistas, deu mostras de que a incerteza e as contradições que atravessam as questões diagnósticas dos autismos, em diferentes campos de saber, têm incidências na psicanálise e em sua leitura da(s) etiologia(s) dos autismos.

A insistente querela sobre a origem orgânica ou psíquica dos autismos leva ainda muitos autores, como dissemos, a reduzir o autismo a um cérebro sem vida.[18] Assim, desprezam toda e qualquer subjetividade posta em jogo, fazem desaparecer o sujeito. Outros procuram isolar os mecanismos genéticos mais distintos possíveis, visando dar ao autismo uma base genética cada vez mais específica.

Ansermet e Giacobino (2013), no livro *Autismo: a cada um o seu genoma*, nos apresentam, com riqueza de detalhes, a discussão sobre os desvarios no campo da ciência, ressaltando um duplo movimento em duas vias contraditórias: de um lado, reagrupam-se sinais cada vez menos específicos de síndromes mais amplas que constituem o abrangente "espectro autista"; de outro lado, analisam-se mecanismos genéticos cada vez mais específicos e sutis, para identificar variações em porções do DNA passíveis de serem responsáveis pelos transtornos em pauta. Nesse mesmo movimento, incluem-se hipóteses de bases genéticas comuns a vários distúrbios, como autismo, esquizofrenia,

---

[18] Expressão utilizada por Vieira; Silva. In: LAURENT (2014).

transtorno bipolar e hiperatividade, assim como o transtorno depressivo maior (ANSERMET; GIACOBINO, 2013, p. 26-27).

Assim, dizem os autores, deparamos com uma ciência que vai em direção ao "todos iguais" associando diferentes informações, com o risco de perder o acesso à clínica em que inevitavelmente se encontra a singularidade do sujeito. De outro lado, uma ciência que isola a diferença e a unicidade.

Interessante lembrar que em relação aos autismos, Kanner, já em 1943, nos dizia que o autismo demonstra a inutilidade de manter uma distinção entre o orgânico e o psíquico. Como sua etiologia é variada, a polêmica ainda sustentada por alguns profissionais de ser orgânico ou psíquico torna-se sem sentido. Podemos falar de diferentes tipos de autismos. Daí a utilização do termo "autismos", no plural.

Muitos autores, sobretudo no campo da psicanálise, utilizam – tal como Lacan o faz no campo das psicoses – o termo no plural – justo porque, nesta pluralização da palavra psicose, foi possível evidenciar diferentes formas dela. Assim se passa também com os autismos.

Jerusalinsky (2011, p. 23) distingue três tipos de autismo: o autismo essencial (primário); o autismo secundário, derivado de déficits sensoriais, sequelas neurológicas ou deficiência mental intelectual, e o autismo por abandono ou maltrato ativo. Entre esses tipos, há superposições. Essas indicações nos servem para fazer balizas não somente às questões comumente discutidas sobre os "graus de autismos", como também para destituir equívocos de que, dependendo do "grau" e dos fatores genéticos e orgânicos em jogo, "uma vez autista, sempre autista". Equívocos que sustentam afirmações e produzem desastrosos efeitos sobre as famílias e as crianças, fixando um destino para elas.

Contudo, tal como para Jerusalinsky (2011), interessa-nos enfatizar que, seja um autismo de origem essencial primário, seja adquirido por déficit sensorial, seja secundário à deficiência ou ao abandono – como as crianças a que se refere Bruno Bettelheim (1989), autistizadas nos campos de concentração nazistas[19] –, as manifestações clínicas das crianças são as mesmas: flapping, giro sobre si mesma; recusa do olhar ou de olhar; embaraço com a voz; apego obsessivo com objetos.

---

[19] Verificar: Bettelheim (1989).

Outro aspecto relevante sobre os diagnósticos, que aparece com muito vigor nas entrevistas com os psicanalistas pesquisados, é a polêmica em torno dos Transtornos Invasivos do Desenvolvimento (TID) e, neles, a inscrição do que hoje circula como Transtorno do Espectro do Autismo (TEA), oficializado com o DSM 5, intensificando as imprecisões e as variadas confusões no campo psiquiátrico e afins e respingando no que se pensa sobre a abordagem psicanalítica dos autismos.

Essas inscrições e nomeações e, com elas, a expansão do diagnóstico de autismo, tiveram como consequência, com o obscurantismo que carregam, o aumento exorbitante do número de casos de autismo. Afirma-se que, em 2011, a proporção era de 1 em cada 88 crianças, demonstrando que, de 2007 a 2011, houve um crescimento de 78% de casos diagnosticados, o que hoje se vê como uma verdadeira "epidemia".[20] Ansermet e Giacobino (2013), mencionando o crescimento do autismo no mundo em níveis alarmantes, apresentam outros dados estatísticos, dizendo que sua prevalência teria aumentado em 57% entre 2002 e 2006 ou ainda em 600% entre 1990 e 2006. Os autores concluem que é muito difícil distinguir entre o que se pode atribuir "às mudanças nos critérios diagnósticos, à expansão de algumas categorias e o que é resultado de melhores métodos de detecção em uma idade precoce". Importa assinalar que "o autismo continua refém desses movimentos de ampliação ou restrição dos critérios, de diminuição ou elevação do limiar diagnóstico" (ANSERMET; GIACOBINO, 2013, p. 30-31).

Optamos, pois, por não trazer aqui o número estimado de autistas, posto que as porcentagens são bens instáveis e modificadas com muita rapidez, importando mais para nós o entendimento de que, num mesmo "balaio", muitos quadros heterogêneos e complexos são depositados, dificultando cada vez mais o acertado diagnóstico.

Touati (2016) vai nos conduzir a reflexões importantes sobre a circunscrição do autismo nos TIDs que, para ele, é uma categoria que funciona para a deságua de quadros heterogêneos, seja no plano clínico, no etiopatológico ou no psicopatológico.

Para ele, os limites do campo do autismo aguardam delineamento. "Doença ou deficiência, doença portadora de deficiência ou figura

---

[20] Termo utilizado por Laurent (2014).

diferente estigmatizada injustamente da neurodiversidade", prossegue, "o autismo conserva características não assimiláveis a todos os TIDs e permanece um transtorno grave" (TOUATI, 2016, p. 58-59).

Compreendemos que a inscrição atual do autismo no campo da deficiência é regida pela questão política e não pela questão clínica. Esta última vem a reboque da primeira. O delineamento político se dá pelo fato de que, no que tange ao campo da deficiência, a expansão dos direitos ocorreu a passos muito mais largos que no da saúde coletiva ou saúde mental. Se a família ganha em benefícios materiais – pois o custo financeiro das propedêuticas é muito alto –, certamente tal inscrição implica em retrocessos significativos nos tratamentos. Sabemos que da representação que se tem do autismo, depende o tratamento que se dá. Ainda com Ansermet e Giacobino (2013, p. 34), podemos também nos perguntar em que ponto devemos encontrar o sujeito nos autismos, posto que "esta questão crucial decorre da mutação em jogo: os genes e o cérebro é que fariam o sujeito tal como ele é", já que "a exploração da causa termina, eventualmente, por mascarar a necessidade de um suporte – qualquer que seja a definição da causa. Mas pode-se realmente destacar a matéria biológica do indivíduo que a contém?".

Supor que o sujeito não esteja na raiz dos transtornos que apresenta é colocá-lo numa posição de impotência, quiçá de vítima de seus genes, do seu cérebro, dos efeitos do meio ambiente sobre ele. Ao sujeito, nada resta, senão curvar-se a essas contingências. Esse é um modo de eclipsar o psiquismo e fazer desaparecer qualquer rastro do sujeito.

O grande problema em jogo nessa polêmica é que, desse modo, tenta-se fazer desaparecer os enigmas do sujeito, esperando substituí-los por certezas controladas. No contexto da luta pela etiologia genética do autismo, de seu estatuto de "doença biológica", na dispersão clínica que se apresenta, a psicanálise se insere, não sem oposições e até rechaços por parte de muitos.

Laurent (2014) chama as discussões em torno da questão "ou o biológico ou o psíquico" de falso debate, contrapondo-se no entendimento do autismo, alertando para o fato de a psicanálise não excluir a particularidade da constituição do sujeito por haver algo de biológico em jogo. E diz que "a psicanálise, na sua aplicação ao autismo, não depende das hipóteses etiológicas sobre seu fundamento orgânico. [...] Nós tampouco evitaremos evocar os debates etiológicos na biologia do autismo. Mas não dependeremos dos resultados dessas controvérsias para expor nossas proposições" (Laurent, 2014, p. 33-34).

É no ponto nodal desses embaraços que a psicanálise ousa – na contramão do intuito de ver consolidadas as bases genéticas únicas para todos – encontrar o sujeito e sua singularidade.

Para nós, psicanalistas, longe de ser vítima de seus genes, de seu cérebro, o autista é um sujeito em permanente e vigoroso trabalho. Um dos trabalhos mais intensos dos autistas é o de uma tomada de posição frente ao Outro. As iniciativas do Outro, das quais toda criança depende para sua sobrevivência, são constituídas não como dom e apelo, mas como intrusão. O retraimento, a "extrema solidão autística" de que fala Kanner ([1943] 1997), que é expressa, por vezes, na recusa em receber o alimento, as palavras, o olhar e a voz, nos indica o Outro invasivo e maciço com o qual o sujeito tem de lidar. Esse aparente isolamento, ou mesmo recusa, revela-se como um trabalho frente a essa intrusão.

Nossa pesquisa não deixou dúvidas de que, mesmo no obscuro terreno em que se assentam as discussões sobre o autismo, psicanalistas não recuam e enfrentam as dificuldades de elaboração sobre o que é o autismo e suas causas, além de como tratar cada um em particular. Mantendo a premissa – em meio a todas as tentativas de investigação de um todo universal, de isolar fatores causais biológicos em detrimento do psíquico – de não compartilhar propostas de tratamento *para todos* e protocolos de conduta, aceitando o enigma que cada sujeito faz e seu modo de estar no mundo...

Autismo não é psicose

No campo da psicanálise, diríamos que a maior imprecisão reside, para muitos autores, na (in)diferenciação entre autismo e psicose. Em nossa pesquisa, 6 psicanalistas pesquisados ainda situam o autismo no campo das psicoses, mesmo que façam a distinção entre autismo e esquizofrenia.

Contudo, o que prevaleceu entre os pesquisados, seja nas entrevistas ou na pesquisa bibliográfica, é o entendimento de que os modos de funcionamento psíquico nos autismos podem ser claramente diferenciados das psicoses. Alguns vão dizer que, numa estrutura psicótica, certos "traços autísticos" podem ou não estar presentes ou aparecer em função de conjunturas diversas, mas não o contrário.

> Quando existe uma organização autística prevalente, a evolução pode comportar a aparição de angústias e de defesas psicóticas, mas o modo de existência ulterior continuará marcado pelo autismo e, portanto, claramente diferenciável da psicose, que é suscetível de outras evoluções (Touati, 2016, p. 62).

Pudemos demonstrar a distinção entre autismos e psicoses acompanhando Lacan ([1972-1973] 1985b), com a figuração da *trança* na construção do nó borromeano (Vorcaro, 2009, 2015). Podemos dizer, em relação ao autismo, no plano da trança, que algo se passa no enodamento que exclui o Imaginário da ligação com as consistências do Simbólico e do Real. No que se refere às psicoses, não é a consistência imaginária que está desenlaçada das outras, mas sim o simbólico. Temos buscado, tanto quanto os analistas pesquisados, estabelecer até certas aproximações dos autismos com os fatos de estrutura da psicose, mas importa-nos acompanhar e trazer as elaborações que demonstram o distanciamento, bem como as diferenças entre o autismo e a estrutura psicótica.

Maleval (2015) é quem mais contribui, no nosso entendimento, para destacar o que chama de "hipótese de uma estrutura autística", mostrando com riqueza de detalhes seu estatuto inteiramente diferente do estatuto das psicoses.

Em sua discussão, assinala como pontos importantes para a diferenciação necessária, entre muitos outros, os seguintes elementos: ausência de delírio e de alucinações verbais; a vontade de imutabilidade presente nos autismos e ausente nas psicoses; o não "desencadeamento" dos autismos; a evolução do autismo em direção ao autismo (e não a uma psicose, como acreditam alguns); a retenção da voz e o primado do signo; a especificidade do escrito de autistas diferente do escrito de psicóticos; a volição apoiada numa borda (pois mesmo presos no silêncio e no isolamento por vezes absoluto, sua solidão é diferente da do esquizofrênico); a borda autística.

Desse modo, os argumentos são muitos e consistentes e, condensam aquilo que, desde o início da pesquisa, tentamos transmitir das mais diversas maneiras: a singularidade do autismo.

Essa afirmação, longe de facilitar o nosso trabalho e a direção do tratamento, nos coloca no passo de nossa função, cuja política é abstermo-nos de um saber já dado para construir o nosso próprio saber a partir dos ensinamentos que advêm da clínica.

Os psicanalistas e a áspera matéria
do enigma do autismo: procurando as causas

Se são muitas e variadas as posições de psicanalistas pesquisados quanto ao fato de o autismo ser ou não uma estrutura, uma a-estrutura, uma quarta estrutura, e até quanto a aspectos relativos ao tratamento, as discussões sobre as causas dos autismos na psicanálise convergem para as operações de constituição do sujeito.

Se algumas leituras se divergem, outras se enlaçam e fazem reverberar aquilo que condensa o pensamento de psicanalistas de orientação lacaniana sobre as causas do autismo. Colocaremos em relevo as posições que se apresentaram.

A primeira consiste na questão de o autismo levar os psicanalistas a pensar nos passos mais primordiais da constituição do sujeito, numa lógica anterior ao tempo das *inscrições*, localizando-o no campo perceptivo. Aconteceria uma elisão[21] de sinais perceptivos que ficam fora do campo da percepção. A elisão é tomada como um mecanismo de defesa próprio ao sistema perceptivo. Uma retirada intensa e maciça do mundo ao redor faz com que a percepção de um objeto possa cessar, como se nunca tivesse existido ou nunca tivesse sido inscrita.

Outra leitura do que figurou entre os psicanalistas entrevistados refere-se à causa do autismo como decorrente do fracasso na instauração de duas operações: da imagem unificadora do corpo, tal como Lacan (1998b) a descreveu no Estádio do Espelho, e do que chamam, a partir das teorizações de Laznik-Penot (1997), de "o fracasso do circuito pulsional", principalmente ligado menos ao objeto oral e mais aos objetos olhar e voz. Esse duplo fracasso deixa a criança, uma vez fora do campo erógeno, também fora do campo das significações, portanto também sem enlace entre o psíquico e o somático.

A partir disso, o corpo da criança fica à deriva, sem a passagem do real ao imaginário – com a construção da imagem corporal – e ao simbólico – com as marcas significantes. Diante dessa condição, a criança organizaria defesas vigorosamente maciças.

Contudo, para a maioria dos psicanalistas entrevistados, trata-se de grande embaraço na operação de alienação, constitutiva do sujeito. Muitas, porém, são as formas de compreensão do embaraço. Não

---

[21] Termo utilizado por Marie-Cristine Laznik-Penot (1997).

obstante, os psicanalistas partilham do entendimento de que os autistas nos dão mostras dos pontos obscuros da constituição do sujeito.

Alienação e separação[22] são, segundo Lacan (1998a), duas operações lógicas de constituição do sujeito.

A alienação consiste não somente em que o sujeito se constitua no campo do Outro, mas também implica em sua divisão pela linguagem. Ela tem como efeito uma indiferenciação inicial entre o sujeito (o ser) e o Outro (o sentido), lugar de ausência de sentido onde não é possível haver nem sujeito, nem Outro. Lacan (1998b) localiza, nessa operação lógica, a *afânise* do sujeito: seu desaparecimento no campo do Outro. Outro tomado como lugar dos significantes no qual o sujeito se aliena à medida que se constitui no campo do Outro.

No primeiro tempo da alienação, o sujeito é representado por um significante. O sujeito não é nada; ele não pode subsistir porque falta o segundo significante. É, pois, no segundo tempo da alienação que surge outro significante, e o sujeito é então representado por um significante para outro significante.

Lacan, em seu *O seminário, livro 11*, define o lugar do Outro como o lugar em que se situa a cadeia significante que põe a comando tudo que se presentifica do sujeito.

> O significante produzindo-se no campo do Outro faz surgir o sujeito de sua significação. Mas ele só funciona como significante reduzindo o sujeito em instância a não ser mais do que um significante, petrificando-o pelo mesmo movimento com que o chama a funcionar, a falar, como sujeito (LACAN, [1964] 1985a, p. 197).

Essa alienação constitutiva se põe em marcha quando se trata da identificação do sujeito à imagem do corpo. O alcance da imagem idealizada pelo desejo alheio é aquele que fica na mira do sujeito. Este é o tempo constitutivo do imaginário, momento de formação do "eu", através da relação especular com o outro. O lugar do outro é o lugar do espelho e o sujeito, virtual; ainda *infans* se precipita na captura da imagem do semelhante, e se reconhece, jubilatoriamente,

---

[22] Trazemos sumariamente a discussão da alienação e separação, uma vez que o leitor poderá acompanhar a discussão de modo mais aprofundado em Ferreira (2017a) e em Vorcaro (1999).

na imagem que lhe chega do outro, desde que esse Outro lhe dê a aquiescência de seu olhar (FERREIRA, 2017a).

Não obstante, à operação de alienação segue-se a "operação de separação", também responsável pela lógica da constituição do sujeito. Enquanto o sujeito espera do Outro seu complemento, falta um significante. A mãe, ao ocupar o lugar do Outro, apresenta a falta que o *infans* é chamado a recobrir. É, pois, no nível da separação que entra em jogo a falta e o desejo, posta em ato pela metáfora paterna que virá nomear a falta no Outro.

A separação é, na lógica freudiana à luz de Lacan, o que se articula à castração materna. No primeiro tempo da separação, o objeto irrompe como o que falta ao Outro, ao passo que, no segundo tempo da separação, o sujeito responde como faltoso, como barrado frente à falta do Outro. Ele articula a sua falta com o objeto que falta ao Outro. Este é o momento em que o sujeito se torna interrogante do desejo do Outro que se prostra para ele como enigmático.

A resposta do sujeito é buscar um objeto que possa preencher essa falta no Outro. O falo seria, então, num primeiro tempo, aquilo que poderia completar o que falta ao Outro e deve adquirir o estatuto de significante do objeto perdido. No entanto, isso só se torna possível através da metaforização do desejo do Outro materno, pelo Nome-do-Pai, significante da falta no Outro.

A operação de separação é o tempo marcado pelo surgimento da falta no Outro, e o seu segundo tempo é o tempo em que o sujeito tenta construir, no fantasma, uma resposta à falta do Outro.

Desse modo, os analistas pesquisados vão localizar a causa dos autismos em torno da questão da alienação e de seus impasses para o sujeito. Não existe, porém, uma posição única no campo psicanalítico, tampouco entre os psicanalistas entrevistados, também sobre este ponto, como pudemos ver.

Há uma leitura de que o sujeito está "fora" da alienação, portanto numa completa condição estrutural de exclusão do Outro. Os automatismos viriam para dar testemunho disso.

Há outra leitura, de que o autista estaria na "soleira da porta" da alienação, "nem dentro nem fora", "congelado na soleira". Para esses psicanalistas, o autista está na entrada da estrutura da linguagem, mas algo se congelou. Se ele está na porta, poderá abri-la para operações significantes, diríamos, portanto, também para a possibilidade da transferência – compreendida como operação significante –, abrindo caminho para o degelo. Dito de outro modo, as construções feitas por um autista a partir do dispositivo analítico podem fazer simulacro das operações constitutivas do sujeito.

Há ainda aqueles psicanalistas que discordam de que o autista esteja na porta da alienação, mas afirmam que, estando na alienação mesma, há recusa, e essa recusa vai implicar numa impossibilidade da *afânise*, daí o sujeito sofrer, entre outras coisas, com a ressonância da linguagem em seu corpo.

Gostaríamos de trazer, num tom muito mais interrogativo que conclusivo, uma indagação sobre tais afirmações, a partir do que extraímos de nossa clínica. Talvez possamos dizer que não cabe uma afirmação para TODAS. Todas as crianças autistas estariam fora da alienação ou "aquém da alienação" ou, ainda, na alienação, recusando-a. Perguntamo-nos se podemos pensar, a partir de cada criança, o momento de efetivação (ou não) dessa operação constitutiva.

Pode ser que haja uma que sequer entre na alienação significante, como uma criança que somente bate uma vara e cospe. Pode ser que outra esteja mesmo na soleira da porta, aguardando o trabalho de abertura dessa possibilidade. E pode ser ainda que haja aquela que entra na alienação significante, destacando-se em seguida, "sem, entretanto, efetuar uma interpretação entre os campos do ser e do Outro. Suas aquisições são reflexas na medida em que, na maquinação significante em que se faz ventríloqua, nada diz do corpo tomado pelo significante" (VORCARO, 1999, p. 34-35).

Não poderíamos deixar de assinalar que precisamos seguir interrogando essas questões – que nos são caras –, pois são elas que podem nos servir de esteio para a direção do tratamento psicanalítico, na tentativa de formalizar, cada vez com mais precisão, aquilo que a clínica com autistas nos ensina.

O que dizem os psicanalistas
sobre as características dos autistas

É importante dizer que, para os psicanalistas que entrevistamos e os autores que visitamos, assim como para nós, não se trata de pensarmos a partir das descrições dos manuais psiquiátricos do TID, do TEA.

Vimos como é difícil irmos para além do que é concretamente observável, pois, com a função da fala comprometida ou ausente e, por isso mesmo, sem o recurso para expressar o sofrimento de que padece – em especial, o psíquico –, os autistas quase sempre são olhados e abordados pelas "funções de seus corpos". Difícil se faz escapar da visão classificatória e de um olhar descritivo.

Não obstante, nunca é demais retomar, a psicanálise nos convoca a buscar, em qualquer ato do autista, mesmo naqueles aparentemente sem sentido, o sujeito e sua singular maneira de lidar com aquilo que o acomete e aprisiona.

É nessa perspectiva que vamos tentar transmitir aqui o que trouxeram nas entrevistas os psicanalistas, já em resposta àquilo que se coloca para eles como impasses ou embaraços na clínica com autistas.

No dicionário da língua portuguesa, a palavra "espectro", além do sentido vindo da física de "registro fotográfico ou visual de uma distribuição de quantidades observáveis ou propriedades dispostas segundo sua magnitude", significa também "suposta aparição de um defunto, incorpórea, mas com sua aparência; fantasma, evocação obsedante; coisa vazia, falsa" (HOUAISS, 2001, p. 1226).

A palavra, carregada desses sentidos, é pesada, e seu peso não pode recair sobre os autistas, pois ela não os define, absolutamente. Como a psicanálise não nos deixa esquecer que a palavra não é sem efeitos sobre um sujeito e sobre os que o cerca, podendo, inclusive, fixar um destino, a palavra "espectro" não está colocada para nós como o que define a condição de um autista.

O que é o autismo, estamos longe de poder responder, preferindo manter o enigma que o atravessa. Então, eis a pergunta que reverberou desde o início de nosso trabalho: como é o autismo para a psicanálise?

Desde nossas hipóteses iniciais extraídas de nossa clínica, destacamos alguns elementos em torno dos quais girariam – como já dissemos – as entrevistas sobre o tratamento, a saber: o olhar, a voz, o Outro, a linguagem, os objetos. Desses, no ato vivo da pesquisa, surgiram muitos desdobramentos, tais como a questão do corpo, da hipersensibilidade, das estereotipias, das crises, das saídas inventadas pelos autistas como o trabalho do *duplo*, e suas estratégias de compensação sobre o que os atormenta.

Esses elementos foram os que se destacaram como pontos cruciais, nodais, e, por que não dizer, de impasses e embaraços para os psicanalistas, sendo que cada um tem de se confrontar, no cotidiano da clínica, com aquilo que a criança traz como possibilidade para se deixar abordar. Muitas vezes isso coincide com o ponto de sofrimento do sujeito e de impasse para o analista, a princípio.

Se não fazemos generalizações acerca das crianças autistas, observamos certas situações comuns vividas por elas.

Para apresentarmos o que os psicanalistas dizem dos autismos a partir de sua experiência e também o que nós mesmas formalizamos, vamos nos ater aos elementos – olhar, voz, o Outro, os objetos –, posto que, ao destacá-los, estamos também, no mesmo gesto, deixando já entrever aspectos do tratamento. A escuta atenta ao que o sujeito vive e sofre, faz e recusa, acolhe ou rechaça – que para nós é também um modo de trabalho – é, ela mesma, um dos eixos do tratamento. É a escuta atenta que irá sustentar a intervenção e o ato analítico.

As entrevistas são ricas em exemplos, vinhetas e fragmentos clínicos de muitos momentos da direção do tratamento. Optamos, porém, para mantermos o sigilo e nosso compromisso ético, por não trazê-los aqui, mas substituí-los pelas falas dos autistas escritores, que podemos – por que não? – tomar como fragmentos clínicos.

Sobre o olhar na clínica, psicanalistas observam o quão difícil e, por vezes, insuportável, é para uma criança autista lidar com o olhar do Outro, por isso seus olhos muitas vezes são esquivos, levando o analista a também manter os seus olhares esquivos e discretos, como veremos mais adiante.

> Os olhos dos seres vivos são dotados da mais espantosa das propriedades: o olhar. Não pode haver algo mais singular. Ninguém diz que as orelhas das criaturas têm um "escutar", nem que as narinas têm um "cheirar" ou um "fungar". Que vem a ser o olhar? É inexprimível. Nenhuma palavra é capaz de chegar perto de sua essência estranha. E, no entanto, o olhar existe. São mesmo poucas as realidades que existem tão intensamente. Qual a diferença entre os olhos que têm um olhar e os olhos que não o têm? Esta diferença tem um nome: é a vida. A vida começa onde começa o olhar (NOTHOMB, 2003, p. 6).

Podemos ressaltar, também, que não são todas as crianças que recusam o olhar ou a olhar. Há aquelas cuja fixidez do olhar nos olhos do analista chega a ser angustiante e pode levar até a exaustão em determinadas sessões. Por isso mesmo, algumas crianças conduzem o analista ao tratamento desse ponto primeiramente. Olhar o mundo a seu redor, para muitas crianças, é sinal de muito sofrimento, daí o sujeito buscar certo alheamento ou olhar e não ver, como diz Amélie Nothomb (2003). Por vezes, são olhos ausentes de olhar.

Pudemos extrair, tanto da fala dos psicanalistas – de nossa própria clínica – quanto da literatura de autistas, como o processamento visual resta problemático. Aquilo que eles percebem visualmente, muitas vezes, tem intensa ressonância sobre o que veem, tendo como efeito uma excitação que produz certa confusão mental. Para isso, os autistas vão inventando saídas, mesmo a preço de muito sofrimento e dispêndio de energia.

> Balançar as mãos na frente do rosto permite que a luz entre em nossos olhos de forma agradável, filtrada. Quando fazemos isso, a iluminação se torna suave e gentil como o luar. Já a luz direta, "sem filtro", meio que "alfineta" as vistas dos autistas com suas linhas diretas e afiadas, pois vemos a luz de forma mais concreta. Isso chega a ser doloroso para os nossos olhos (Higashida, 2014, p. 114).

Para outras crianças, podemos dizer que não é o olhar o ponto de sofrimento maior, mas a voz. Por vezes, a voz é muito difícil de ser suportada pela criança e muitas tapam seus ouvidos com as mãos ou começam a falar uma língua própria na tentativa de calar a voz do Outro que a fere e ultrapassa. Sem o anteparo da separação, a voz e o Outro são uma coisa só, promovendo um desenvolvimento de angústia insuportável quando é ouvida.

Os psicanalistas destacaram não somente a voz do Outro que chega aos autistas, quase arranhando os seus ouvidos posto que ouvida como a um mandato, mas a voz dos próprios autistas que lhes escapa às vezes ou sai estridente demais, causando certo horror para eles mesmos e para aqueles que não compreendem o gesto.

> As pessoas sempre dizem que, quando falo comigo mesmo, minha voz é bem alta, ainda que eu não consiga dizer o que preciso, e que em outros momentos ela soa muito baixa. É uma daquelas coisas que não consigo controlar. Quando uso uma voz estranha, não é algo que faço de propósito. Com certeza existem momentos em que acho o som da minha voz reconfortante, quando digo palavras familiares ou frases fáceis de falar. Mas a voz que eu não consigo controlar é

> diferente. Ela escapa de mim sem querer: é como se fosse um reflexo. [...] Quando minha voz estranha é acionada, é quase impossível de segurar, e se tento, é doloroso, quase como se eu estrangulasse minha própria garganta (HIGASHIDA, 2014, p. 29-30).

Esse sujeito agido pela pulsão, cuja voz escapa, sai à sua revelia, merece de nós muito cuidado e cautela no modo de tratar. Isso serve também para aqueles que se dedicam a educar os autistas. Exigir que não fale com essa voz "estranha" ou expor o sujeito ao som de vozes que não suporta pode ser desastroso e sofrido. Ao psicanalista cabe, na direção do tratamento, cuidar não somente do que diz, mas também da modulação de sua própria voz como possível de ser escutada e não a ponto de "violentar" os ouvidos.

Grandin e Scariano, como vimos anteriormente, dizem do movimento de girar objetos ou o corpo, que fazia não somente as pessoas "tornarem-se transparentes", para serem suportáveis, mas também funcionava como medida protetiva dos sons que perturbavam a criança intensamente:

> [...] Nenhum som se intrometia em minha fixação. Era como se eu fosse surda. Nem mesmo um barulho forte e repentino conseguia me assustar ou fazer-me sair do meu mundo. Mas quando estava no mundo das pessoas, era extremamente sensível a ruídos. [...] O que parecia interessante e aventuresco para minha mãe e para meus irmãos menores era para mim um pesadelo de som, violentando meus ouvidos e minha própria alma (GRANDIN; SCARIANO, 1999, p. 29).

A ecolalia também foi destacada, pelos psicanalistas e por nós, como um ponto nevrálgico da relação com o autista, que repete em eco o que ouve, sem, muitas vezes, dar sentido algum.

A hipersensibilidade dos autistas a sons e ruídos estava entre as características discutidas pelos psicanalistas e por nós. Vejamos o que diz Higashida (2014) sobre como isso é para ele um incômodo terrível e o modo como se arranja:

> Existem certos ruídos que vocês não percebem, mas que incomodam bastante. O problema é que vocês não entendem como esses sons nos afetam. Não é bem pelo fato de que o barulho nos dá nos nervos. Tem mais a ver com o medo de

que, se continuarmos a ouvir, perderemos toda a noção de onde estamos. Nesses momentos, sentimos como se o chão estivesse tremendo, como se tudo ao redor de nós estivesse vindo em nossa direção, e isso é muito apavorante. Então, para nós, cobrir os ouvidos é uma forma de nos protegermos e recuperarmos a consciência do lugar onde estamos (HIGASHIDA, 2014, p. 93).

Obviamente o lugar de que fala Higashida não é somente geográfico, mas o lugar, um sítio que seja, no campo do Outro consistente e ameaçador. Perder-se ali é desaparecer, sofrer "afânise". Vulneráveis aos estímulos sensoriais de várias naturezas, essas crianças acabam por se defender dos ruídos, imagens, olhares, através de saídas, às vezes, muito precárias como as autoestimulações, sejam táteis (estimulando principalmente a boca, a uretra, o ânus, e outras partes do corpo); ou olfativas (cheirando todo e qualquer objeto que pegam, inclusive partes do corpo); ou gustativas (seleção de alimentos); também sonoras (sons e ruídos com objetos ou com o corpo), além de outras.

Uma das questões que pudemos identificar entre os psicanalistas é uma ausência de formalização teórica sobre esse aspecto da hipersensibilidade dos autistas. Alertamos para a necessidade de aprofundamento do tema, pois repercute de modo devastador nessas crianças.

Com relação ao corpo, os psicanalistas seguem na contramão daqueles que o reduzem ao organismo. Algumas proposições sobre os autistas e seu corpo serão destacadas aqui, posto que elas colocam em relevo também as estratégias do uso do corpo do analista pelo autista. Destacaremos, ainda, como o psicanalista também precisa estar atento ao seu próprio corpo na direção do tratamento.

Pudemos recolher, das entrevistas, algumas observações de psicanalistas sobre o corpo do sujeito nos autismos. É o que trazemos aqui, juntamente com as nossas considerações.

Com Freud sabemos que o *eu* é, sobretudo, corporal. Lacan, nas trilhas deixadas por Freud, vai nos dizer do reconhecimento pela criança da imagem do corpo, que só pode se dar com a aquiescência do Outro, do olhar do Outro. Sem isso, nem a imagem do corpo é reconhecida nem o Eu poderá se constituir. É o que pudemos apreender da clínica com crianças autistas. A imagem socorre o sujeito do real do corpo.

Podemos dizer que o autista não conseguiu construir um envoltório corporal, com contornos e bordas, uma vez que o estádio do espelho, tal como o postula Lacan ([1949] 1998b), não "se constituiu como se espera". Uma das expressões utilizadas foi de que o corpo da criança autista parece "escorrer" uma vez que, sem uma armadura imaginária que lhe dê consistência mínima, o sujeito padece do corpo.

> Na aula de educação física um professor diz coisas como "estique os braços" ou "flexione os joelhos". Mas eu nem sempre sei o que meus braços e pernas estão fazendo. Não tenho a sensação clara do lugar exato onde eles se prendem ao meu corpo ou de como obrigá-los a realizar tarefas que eu quero. É como se meus membros fossem um rabo de sereia escorregadio (HIGASHIDA, 2014, p. 95).

Estrangeiro em seu próprio corpo,[23] impedido de habitá-lo, torna-se, por vezes, máquina de movimentos, que se move ou para à revelia do sujeito, como bem demonstrou Higashida. Isso pode ser apreendido pelo psicanalista no dispositivo analítico. O sujeito parece preso dentro de um corpo. Um corpo em pedaços, sem integração ou unidade. A saída, como nos disse Frances Tustin (1975), consiste, para alguns, em produzir uma "concha protetora", um invólucro que prima pela rigidez e que possa suprir o corpo imaginário que não se constituiu, e também proteja o sujeito, ainda que precariamente, da percepção, da avalanche de estímulos sensoriais, com que se sente ameaçado de ser destruído ou extinto.

Do controle ou falta de controle de esfíncter, do modo como lida com os excrementos na clínica ou fora dela, conforme relatos de familiares, até a relação particular com os alimentos, nós psicanalistas nos ocupamos no tratamento. Esses são pontos importantes da demanda dos pais, juntamente com a mudez de algumas crianças ou seu embaraço com as palavras e frases.

> Eu comia, antes de tudo, as coisas de que gostava de olhar e tocar, ou aquelas que me suscitavam sensações agradáveis. Os coelhos comiam saladas? Eu amava coelhos de pelúcia, então eu comia salada. Eu gostava dos vidros coloridos transparentes? Os doces de gelatinas se pareciam com eles, então eu comia os doces. Como todas as crianças, eu comia porcaria de todo tipo: flores, ervas, pedaços de plástico. A diferença das outras

---

[23] Sobre esse tema, Suzana Barroso constrói um precioso trabalho a partir das elaborações de Lacan e de psicanalistas de orientação lacaniana. Verificar: Barroso (2014).

crianças é que eu comia cabos de pau e pedaços de plástico com idade de 13 anos (WILLIAMS, 2012, p. 30).

É comum também crianças autistas darem minúsculas mordidas nos alimentos ou ficarem mordiscando as bordas, como para controlar o alimento que ingerem. Importante esse saber, pois nos permite respeitar e deixar cair toda leitura moral.

Muitos autistas escritores queixam-se da desarticulação entre "mente e corpo", dizendo que se perdem e se desorganizam, pois suas mentes não estão ancoradas no corpo. Como se o corpo andasse ao lado do sujeito, fosse um outro separado dele.

Outros autistas e seus pais relatam o fato de que não adoecem e têm muita resistência à dor. Podemos apreender isso na clínica.

> Alguns autistas causam a maior confusão quando estão cortando o cabelo ou as unhas, mesmo que isso não costume doer nem um pouco. E existem outros que permanecem calmos e controlados, ainda que sejam vítimas de um ferimento obviamente doloroso. Não acho que seja uma questão de terminações nervosas. É mais o caso da "dor interior" se manifestando no corpo. [...] Quanto às pessoas que não mostram sinais de dor, meu palpite é que isso se deve ao fato de elas não conseguirem deixar esses sinais visíveis (HIGASHIDA, 2014, p. 99-100).

Tais situações não viriam corroborar as considerações de que se trata de um corpo desabitado do sujeito?

Algumas crianças se recusam ao controle de esfíncter ou micção, não por qualquer disfunção orgânica, mas porque perder a urina e as fezes, às vezes, é como perder um pedaço do corpo. Daí ser necessário reter.

Outro aspecto importante na clínica é o uso que o autista faz do corpo do analista, que vai desde usar a mão para pegar objetos, até deslizar sobre o corpo do analista, ora para proteger-se, ora para mostrar em ato como faz do corpo do outro uma continuidade do seu.

> Quando algumas crianças autistas tentam alcançar algo "pedindo emprestada" a mão de outra pessoa, é por não terem noção de quanto precisam esticar os próprios braços para pegar este objeto. Além disso, não estão certas de como pegar o que querem, já que temos problemas para perceber distâncias (HIGASHIDA, 2014, p. 97).

Talvez esse gesto seja também usar da mão do Outro para fazer uma mediação – que não há – ao objeto.

Nós, psicanalistas, nos ocupamos de tratar dessa relação sem mediação do sujeito com os objetos. Para alguns psicanalistas (MALEVAL, 2009b; PIMENTA, 2012; ALVARES, 2016), é essa relação especial e particular do sujeito com os objetos que serve para eles de guia para o tratamento.

Existem variados modos de o autista lidar com os objetos empíricos, além daqueles objetos pulsionais a que nos referimos: o olhar, a voz. O acoplamento do sujeito a um objeto particular, como se fizesse parte do corpo, é notável. Por vezes, ele o rejeita ou a ele se adere, de tal modo que qualquer tentativa de alguém se interpor a essa relação tem como resultado a crise e o desamparo. O objeto passa a ser inseparável, a fazer parte do corpo. Perdê-lo ou dele afastar-se é como perder um pedaço de si.

Como vimos com Kanner ([1943] 1997), a "boa relação dos autistas com os objetos" pode ser facilmente identificável em muitos casos. Os objetos escolhidos pelo sujeito – embora criticados por autores como Frances Tustin (1975) – como objetos autísticos pelos quais ele fica siderado fazendo barreira ao Outro e às interações sociais, são, na psicanálise, imprescindíveis para o sujeito, e interditar seu uso seria fechar a fresta que pode se abrir para a entrada do Outro.

Assim, de sua aparente função desarticuladora e nefasta, "alienante", como diz Tustin (1975), o objeto e a relação que com ele estabelecem os autistas têm uma função e um lugar para o tratamento, como veremos posteriormente.

Alguns autores, numa outra vertente, buscam interrogar a relação do autista com os objetos, assinalando o fato de que algumas crianças chegam a construir um objeto que deserta o gozo do corpo para "localizá-lo em uma borda, que não é mais somente barreira ao Outro, mas também conexão com a realidade social" (MALEVAL, 2009b, p. 235).

Maleval assinala, ainda, na distinção que faz entre objeto autístico simples e objeto autístico complexo, que os primeiros estariam referidos a uma satisfação autossensual, fazendo uma trincheira que isola o sujeito do Outro.

Desse modo, o autista se coloca "como um objeto no mundo dos objetos, mostrando que se sente inanimado, o que revela um não funcionamento da dinâmica pulsional" (MALEVAL, 2009b, p. 231).

Isso leva o analista a criar saídas inventivas para não interditar o uso do objeto autístico, mas também possibilitar o deslocamento do lugar em que às vezes o autista se prostra, colado ao objeto.

Ainda sobre as relações do autista aos objetos, como vimos acima com Maleval, podemos imputar um tratamento do real.

> Esta ausência do funcionamento pulsional observada por Maleval no autismo, situa a posição de objeto, a ausência do outro e o limite ao Outro. É nas relações aos objetos que o autista promove alguma animação pulsional de seu ser, alguma borda corporal ao Outro, que, pelo movimento, o conectam e o separam minimamente (RAHME; VORCARO, 2011, p. 40).

Outras vezes, frente à falta de um envoltório que delimite e que coloque bordas ao corpo, o sujeito faz o que pode, usando, por exemplo, o artifício da roupa, do boné, do sapato, do tênis. Assim, para estes, retirar a roupa é como arrancar a pele ou tocá-la como à "carne viva". Muitas crises acontecem quando autistas são impedidos de usar sempre o mesmo pijama ou a calça da mesma cor ou o tênis já rasgado. Sua função protetora de envoltório do corpo, onde há vazio infinito, faz com que devamos respeitar essa saída que inventam, até que construam outras no dispositivo de tratamento.

Os chamados "movimentos estereotipados" – batimentos com as mãos ou objetos em ritmos alternados, movimentos ritmados com o próprio corpo, abrir e fechar portas, acender e apagar as luzes, etc. –, longe de serem sem sentido, para a psicanálise têm função na (des) organização psíquica do sujeito, devendo ser acolhida e não impedida ou modificada sob treinamentos.

Além do que já pudemos trazer, os autistas escritores[24] vão nos dizer que são movimentos incontroláveis e que as estereotipias têm, para eles, funções como retirá-los do desiquilíbrio sensorial que os acomete e dar alívio a "um estresse sensorial" de que sofrem. Outros ainda vão dizer que é um modo de ausentarem-se, no lugar da separação do Outro que não há. Para outros, quando repetem um movimento sem parar, podem sentir mais algumas partes de seu corpo.

Da necessidade de imutabilidade dos autistas, descrita por Kanner ([1943] 1997) como "obsessão de permanência", podemos, nós, analistas, dar testemunho, uma vez que o simples fechar da porta

---

[24] Verificar também: Bialer (2015).

entreaberta do consultório pelo vento pode, às vezes, ocasionar uma crise difícil de apaziguar. Compreendemos que se trata, para o sujeito, de uma tentativa desesperada de regular o Outro e o mundo, possibilitando sua entrada nele.

A relação absolutamente particular do autista com a linguagem não escapa às observações e teorizações dos psicanalistas. A "falta da linguagem", no dizer dos pais, é muitas vezes o passaporte de entrada da criança no tratamento, nem que seja inicialmente, só com a fonoaudiologia. Os esforços, por vezes infrutíferos, levam os pais a buscar tratamento psicológico ou psicanalítico.

"A retenção da voz enunciativa, não situada no campo do Outro", diz Maleval (2012b, p. 43), "manifesta-se em um dos distúrbios de linguagem mais marcantes nas crianças autistas, a ausência da inversão pronominal". O sujeito repete a fala do Outro, imitando-a e dizendo os pronomes pessoais como se fosse o Outro que falasse e não ele próprio.

Laurent (2014, p. 104) nos lembra que é justamente o acontecimento do corpo que acompanha a inserção do sujeito no campo da linguagem. Daí também o sujeito sofrer dos efeitos de horror produzidos pela linguagem, dos quais, cada um a seu modo, um autista tenta incansavelmente, com seu trabalho, se defender.

A clínica nos possibilita apreender as manifestações desse "traumatismo"[25] da linguagem sobre o sujeito, ora com o uso particular que faz da língua, ora com o mutismo a que se impõe recorrer.

"Considerava-me inteligente, se bem que só raramente compreendia o que me diziam. [...] Eu monologava obsessivamente, mais do que falava com as pessoas, como se toda conversação devesse resumir-se nisso", diz Donna Williams (2012, p. 54).

E prossegue: "Eu elaborava, para meu próprio uso, toda uma linguagem original" (p. 65). É comum entre os autistas essa linguagem privada, muitas vezes prevalecendo as imagens. Outras vezes a linguagem ligada aos fatos, informações, repertórios de saberes de temas restritos é a que sobressai em detrimento de uma linguagem ligada a afetos e emoções.

Com relação ao Outro, já dissemos anteriormente, o autista o toma – dada sua condição – como aterrador, invasivo e perigoso, daí

---

[25] Termo utilizado por Laurent (2014), a partir de Lacan.

a necessidade de construção dos muros autísticos que possa apartar o Outro do campo do sujeito.

Vimos também como o olhar e a voz são signos de presença insuportável do Outro, o qual o sujeito no autismo tem de regular. Do mesmo modo que a presença do Outro é maciça e insuportável, sua ausência, por vezes, também o é. Quando se ausenta, é como se levasse tudo, todos os significantes, deixando o sujeito destituído do seu significante.

Isso é, sumariamente, aquilo que pudemos trazer de nossa escuta do que extraímos das entrevistas com os psicanalistas sobre os autismos e os autistas. Esperamos, com isso, sensibilizar o leitor e os envolvidos com o tema sobre o sofrimento do sujeito nos autismos, mas também seu trabalho, suas invenções e arranjos frente ao que o aprisiona, o que não podemos negligenciar ou interferir sem um cálculo clínico – cuidado e delicado.

O tratamento psicanalítico de crianças autistas: diálogo com múltiplas experiências

As crises do sujeito nos autismos: por que não podemos calá-las

Nosso interesse pelo tratamento psicanalítico do sujeito nos autismos nos coloca, como já mencionamos, num campo conceitual e clínico, por vezes, nebuloso. Na perspectiva de irmos abrindo algumas passagens para fazermos avançar questões e debates sobre o tratamento psicanalítico das crises, trazemos, inicialmente, algumas notas, mesmo que ainda num tom mais interrogativo que conclusivo, sobre o sujeito no autismo e a pulsão.

Acompanhando inicialmente as elaborações de Diana Rabinovich sobre "A clínica da pulsão: as impulsões",[26] confrontamo-nos com questões que aproximam-se daquelas que atravessam a clínica do sujeito nos autismos.

Ali a autora discute situações nas quais o sujeito chega à clínica "em posição de objeto" e com o que vai chamar, usando um termo mais geral, de "perturbações da demanda" (RABINOVICH, 1989, p. 18). Para ela, não se trata do sujeito que chega na posição de "objeto causa", de algum modo presentificado na histeria, mas, precisamente, pacientes nos quais essa posição de objeto "implica uma ganância, um mais de gozar" (p. 19). Assinala, também, que o nome clássico com que esses "transtornos" aparecem na psicopatologia tem sido, por um lado, as "impulsões" que ela propõe chamar "as patologias do ato" – o ato tal como o pensam Freud e Lacan.

---

[26] Rabinovich (1989).

Rabinovich (1989) refere-se, nas chamadas patologias do ato, às anorexias, bulimias, adicção. Para ela, trata-se do ato "em quaisquer de seus matizes: passagem ao ato, acting-out".

Interessou-nos, sobretudo, suas indicações sobre as "impulsões", nas quais estaria em jogo o "sujeito mudo da pulsão", que, no dizer de Rabinovich (1989, p. 18, 70), está no lugar do sujeito desejante. É um sujeito que não nos pede nada, mas mostra em ato essa "satisfação muda que lhe dá o personagem particular que desempenha". Ela nos diz ainda que essas são apresentações do sujeito do lado da pulsão e não do lado do desejo. "O sujeito da pulsão é um sujeito mudo, cuja demanda é muda."

Esse foi um ponto de partida para colocarmos em questão o que se passa na clínica dos autismos: não somente os chamados "comportamentos ou gestos estereotipados" a que nos referimos antes, mas também os "movimentos" e "ações enlouquecidas" – aparentemente desordenadas e sem sentido –, "ações" que numa primeira visada dão a impressão de mera descarga motora, disparada por um corpo, aparentemente desabitado por um sujeito, que não é mais que "máquina de movimentos".

Qual de nós, na clínica com autistas, nunca deparou com uma criança debatendo-se, gritando desesperadamente, andando de um lado a outro, freneticamente, batendo em si ou no outro, mordendo-se, agitando-se indefinidamente? Indagamos se essas "ações", aparentemente "enlouquecidas", que denotam uma "crise" constante, teriam uma função psíquica importante.

Se os primeiros "comportamentos" ou "gestos estereotipados", como dissemos, foram alvo de interesse de muitos autores, ganhando o estatuto de um *trabalho do sujeito*, de barrar o Outro intrusivo e maciço no autismo (Baio; Kusnierek, 1993), são pensados também "como tentativas de inscrever um S2, de estabelecer um mais e um menos, um fort-da" (Ribeiro, 2005, p. 41), ainda que esses movimentos de ritmo binário não passem pelo simbólico, mas se façam no real – daí seu caráter de repetição – e possam condenar as crianças "a um trabalho forçado no sentido de concatenar significantes" (Bastos; Calazans, 2010). Essas ações, no máximo, são tomadas como "agitação motora". São essas que nos interessaram discutir, ainda que problemáticas, pela importante aproximação com o "ato", pois, para nós, as funções das crises para o sujeito são o que nos concerne formalizar.

As crises de muitas crianças autistas, muitas vezes permanentes ou intermitentes, levam aqueles que delas cuidam ou aqueles responsáveis por sua educação a muitos equívocos no modo de vê-las ou compreendê-las. Alguns autistas referem-se às crises como "colapsos nervosos", outros, como "ataques de pânico".

"Ataques de pânico podem ser deflagrados por várias causas, mas mesmo que você crie um ambiente ideal, livre de todo estresse que costuma afligir determinada pessoa, nós ainda teremos ataques de vez em quando", diz Higashida (2014, p. 163).

Dizem Grandin e Scariano sobre o que acontece com as crianças autistas:

> Elas se veem diante da escolha de ou dedicar-se a um autoestímulo – como girar, mutilar-se a si próprias – ou fugir para o mundo interior a fim de filtrar os estímulos exteriores. Caso contrário, afogam-se no excesso de muitos estímulos simultâneos e reagem com ataques de nervos, gritos e outros comportamentos inaceitáveis (1999, p. 31).

Ocupamo-nos, também, dos efeitos no analista desse redemoinho de movimentos, ações e gestos enlouquecidos, que não entram no circuito de troca simbólica, conduzindo-nos à interrogação se estaria em pauta aí "a inexistência do Outro para o autista" ou, ao contrário, a anunciação radical pelo autista "do que seria, para os falantes, a ausência do Outro" (RAHME; VORCARO, 2011, p. 21).

Muitas vezes a criança aceita radicalmente a contenção da crise ou pelos pais, ou pelo educador, melancolicamente, mostrando, em cena, que só no redemoinho de gestos e ações há vida. O resto, massa amorfa, carne viva, sem animação aparente.

Daí interrogarmos se, para além dessas "ações enlouquecidas", poderíamos encontrar a dignidade de "ato", e perguntamo-nos, ainda, se trata-se aí, nesse furacão, não de um ato sem sujeito, mas do ato de um "sujeito mudo da pulsão", por ela agido, como se, nessa força do ato em que se agita, o sujeito tentasse, paradoxalmente, dar lugar a um corte separador, onde não há.

Se assim for, a designada "crise" do autista, longe de ser calada ou contida, deve ser tomada como um trabalho, um ato vivo através do qual um sujeito se cria e se anima.

Tais questões não são fáceis de apurar, sobretudo a partir da lógica anunciada do acting-out, do ato e da passagem ao ato, descritas por Freud e por Lacan. Sabemos quanto são problemáticas essas aproximações e não estamos desavisados das dificuldades de realizá-las. Resta-nos, então, buscar justificar tais aproximações, discutindo o que se denomina "impulsões" e diferenciando, ainda que sumariamente, o acting-out, o ato e a passagem ao ato, para, posteriormente, extrair daí algum saber que nos permita elucidar, senão cercar, de outro modo, as questões relativas a esse ponto da clínica dos autismos.

Freud introduz inicialmente a questão do ato, enquanto *atos sintomáticos*,[27] passíveis de interpretação numa análise, tais como os esquecimentos, os movimentos "casuais" e repetitivos. Anos depois Freud irá se ocupar daqueles atos refratários à interpretação no percurso de uma análise, sob a forma do acting-out. Freud discute[28] ainda outra modalidade de resposta do sujeito, diferente do acting-out, que Lacan nomeou de "passagem ao ato".

Aí se podem distinguir três dimensões do ato do sujeito na psicanálise. A determinação inconsciente e pulsional dos atos, fixada pelo ato falho. O *agieren* freudiano, de onde deriva a expressão acting-out, referida a algo que se furta à associação para deixar-se mostrar em um fazer, um agir. Por sua vez, a passagem ao ato, lida pela psiquiatria como "conduta imotivada", testemunha o descaminho da ação humana, que não visa ao bem-estar, não obedece propriamente ao princípio do prazer (BASTOS; CALAZANS, 2010). Voltaremos a essa discussão posteriormente.

Interessante notar que Rabinovich (1989) toma na "clínica da pulsão – Trieb"[29] as *impulsões*. Na impulsão, trata-se de uma vivência de outra ordem de exterioridade relativa à repetição da demanda em que o sujeito é confrontado como "uma exigência que assume a forma de automatismo incontrolável". Diante dessa exigência,

---

[27] Os atos casuais e sintomáticos foram interpretados por Freud em *Sobre a psicopatologia da vida cotidiana* ([1901] 1996h) e no Caso Dora ([1905] 1996d).

[28] Verificar o artigo de Freud, a "A psicogênese de um caso de homossexualidade numa mulher" ([1920] 1996a).

[29] Luiz Hanns, no *Dicionário Comentado do Alemão de Freud*, diz que o termo "Trieb" era empregado, há séculos, na linguagem corrente, na linguagem comercial, religiosa, científica e filosófica, dando a ele uma variada gama de sentido. Para ele, os sentidos estão todos próximos e relacionam-se a algo que "propulsiona", "toca para a frente", "não deixa parar", "empurra", "coloca em movimento". Trieb evoca a ideia de "força poderosa e irresistível que impele" (HANNS, 1996, p. 339).

tem-se o ato, como radicalmente estranho, em razão da impotência do sujeito em detê-lo, o que cria uma lacuna intransponível entre o sujeito e o "ato autônomo".

> Estamos assim salientando que a impulsão representa uma tentativa, mesmo que fracassada, de o sujeito se posicionar dizendo não ao imperativo inegociável. Em outras palavras, é como se o sujeito tentasse produzir uma espécie de organização para esse impulso cego segundo os ditames de uma cena, buscando conteúdos que preencham uma forma de vazio (FARIAS, 2010, p. 6).

Diferente da compulsão (*Zwang* [HANNS, 1996]) – "tendência imperativa que leva o sujeito a realizar determinada ação ou pensar determinada ideia, embora a reprove e a interdite, no plano consciente" (LAROUSSE, 2006, p. 33) –, a impulsão chama o ato.

O substantivo Zwang e o verbo Zwingen dizem de uma "coação irresistível provocada por algo que força para certa ação, ato de compelir, de forçar, de obrigar. O verbo Zwing expressa ainda a ideia de 'encurralar', de forma tal que o sujeito só pode agir numa direção. O verbo Zwangen, do mesmo tronco etimológico, significa 'comprimir', 'fazer passar a força'" (HANNS, 1996, p. 101).

Contudo, mesmo com seu caráter irresistível, a compulsão pode ser impedida pelo sujeito, que pode não transformá-la em rituais repetitivos ou passar ao ato, mesmo sob pena de mergulhar na angústia – enquanto a impulsão faz prevalecer o ato, como resposta imediata à angústia.

Para Bastos e Calazans (2010, p. 3), se tomamos a questão dos atos na história da psicanálise pós-freudiana, podemos constatar que estiveram atrelados, durante muito tempo, à questão dos "atos criminosos". "Atos imotivados", dos quais Lacan se ocupou nas décadas de 1920-1930, figuraram como tema importante no debate psicanalítico, justamente por romperem com "a estrutura clássica de resposta sintomática que possa ser interpretada à luz do desejo inconsciente". Muitas vezes a noção de acting-out foi tomada para abordar ações disruptivas e irracionais, perdendo-se a chance de pensar a especificidade do ato.

Esses mesmos autores buscam localizar o sujeito nas diferentes modalidades de ato, interrogando "o papel de suplência que supostamente desempenham", a partir das elaborações de Lacan, abrindo uma trilha para a abordagem de nossa questão em pauta – o que se passa com o sujeito nos autismos: a modalidade de resposta que tais "ações enlouquecidas" encerram, o lugar do sujeito nessas ações e se teriam alguma solidariedade de estrutura com o ato.

Lacan ocupa-se da diferenciação entre acting-out, ato e passagem ao ato em diferentes momentos de seu ensino.[30]

Em 1958-1959, na *Direção da Cura e os Princípios de seu Poder*, Lacan diz que o acting-out indica que o campo de ação é, sobretudo, simbólico, considerando-o uma insurreição do sujeito em relação ao Outro, como no percurso de uma análise na qual o analista sai de seu lugar simbólico. O acting-out corresponderia a uma demanda endereçada ao Outro, certa convocação ao analista.

A definição de acting-out como demanda é mantida nos momentos posteriores de seu ensino, mas Lacan deixa de lado a primazia do simbólico, articulando-o à transferência que não pode ser pensada senão a partir dos três registros.[31] É com o conceito de Ato Analítico (1967-1968) que Lacan esclarece "o ato enquanto tal, na sua dimensão significante, ao mesmo tempo em que encerra um corte real", fornecendo um denominador comum ao campo dos atos.

No Seminário "A Angústia", de 1962-1963, a distinção entre acting-out e passagem ao ato se faz a partir do conceito de *objeto a*, ganhando outro e novo estatuto.

Ali o acting-out é definido como um "subir no palco", à cena do objeto, enquanto "o *largar de mão* é o correlato da passagem ao ato" (Lacan, [1962-63], 2005, p. 129). O acting-out é, para Lacan, da ordem da "evitação da angústia" (p. 130).

Com os elementos sujeito, Outro, Objeto a e angústia, Lacan irá aí situar tanto o sintoma como o acting-out e a passagem ao ato. "Podemos pensar tanto os atos quanto ao sintoma como forma de resposta à angústia e de solucionar a crueza de deparar com o objeto sem um véu ou sem a sustentação de um discurso" (Bastos; Calazans, 2010, p. 5).

Quando a angústia não fica velada pelo sintoma, o sujeito se vê face a face com ela. Nesses casos, dizem Alvarez, Esteban e Sauvagnat (2004, p. 268), podem-se descrever dois tipos de configurações sintomatológi-

---

[30] Um detalhamento rigoroso e preciso desse percurso encontra-se no artigo de Angélica Bastos e Roberto Calazans (2010).

[31] Referimo-nos aos registros do Imaginário, Simbólico e Real pensados por Lacan em *O seminário, livro 22* (1975).

cas: um em que a angústia é o sintoma dominante, sem necessariamente haver saídas pelos atos, e outro, no qual a angústia irá determinar ações, ainda que se trate de demandas veladas (acting-out) ou "ainda que seja que o sujeito periga com elas uma saída definitiva (passagem ao ato)".

Na passagem ao ato, assiste-se a um "curto-circuito" entre o sujeito e o objeto. "A passagem ao ato é uma solução a este curto-circuito: uma vez que o sujeito passa a não estar mais em um campo distinto do Outro, mas justamente no lugar de interseção com o Outro" (Bastos; Calazans, 2010, p. 7). Disso, os autores tiram duas consequências: "o sujeito é identificado com o lugar de resto e, por sua vez, fica sem uma mediação com o Outro".

É nesse ponto que queremos nos deter, para pensarmos nos autismos, a partir do que esses autores indagam: "Será que podemos pensar a extensão da passagem ao ato, como faz Zenoni (2009) ao falar de atos repetitivos que implicam uma duração e não somente ruptura?" (Bastos; Calazans, 2010, p. 10). Zenoni (2009) hesita em falar de acting-out na psicose, em função de não ter havido a extração de objeto – tal como nos autismos.

Essa espécie de "crise permanente" a que as crianças autistas estão submetidas não seria, ela mesma, um modo de fazer frente, nos moldes da passagem ao ato, à demanda asfixiante do Outro e à angústia avassaladora?

Colette Soler (1993, p. 17) vai discutir as soluções do sujeito na psicose, frente às "desordens do gozo", seus modos de "civilizar o gozo", para além das soluções que recorrem ao simbólico: a escrita, a obra, as "sublimações criacionistas", que, segundo ela, "são particularmente solicitadas nas psicoses".

Entre as soluções do sujeito psicótico, estão alguns tipos que não recorrem ao simbólico, "senão que procedem a uma operação real sobre o real do gozo". Soler inclui a passagem ao ato "auto e héteromutiladoras". Para ela, essas são soluções "a título de suplência", tal como o "menino Lobo" de Rosine e Robert Lefort, "que realiza em ato, a título de suplência, o efeito capital do simbólico, isto é, seu efeito de negativização do ser vivente" (Soler, 1993, p. 19).

Perguntamo-nos, ainda, a partir daí, se mesmo as aparentes "ações enlouquecidas" que acossam as crianças autistas, às vezes, ininterruptamente, não poderiam ser, como os atos, respostas do sujeito, com uma dimensão de apaziguamento, quiçá de suplência – embora para o Outro venham como um furacão, cujo mínimo tratamento da angústia que causam se dá pelo susto.

Ou ainda, seriam esses atos solidários do que são para o sujeito os objetos, "a busca por uma animação libidinal de seu ser?" (MALEVAL, 2009b, p. 230).

Assim, nessa perspectiva, uma crise não é para ser calada ou somente contida, mas acolhida na escuta, como modo radical de o sujeito reanimar-se, colocar-se em cena, sair da condição de objeto a que é impelido a ocupar no campo do Outro.

Questões que nos impõem inventar, na clínica, modos outros que o redemoinho de atos – recurso forjado pelo sujeito para despregá-lo desse lugar de objeto no qual se prostra, por vezes, indefinidamente.

O autista e o recurso do duplo

Partindo das elaborações de Freud sobre a função da fantasia e das elaborações de Lacan sobre a lógica do fantasma no acontecer psíquico, indagamos sobre o que se passa com o sujeito nos autismos sem o recurso do fantasma. Vale assinalar que para nós esses termos não são tomados como equivalentes ou correlatos, mas colocá-los em relação foi um ponto de partida para pensarmos o fazer do autista, as saídas que inventa sem os recursos da fantasia, do fantasma de que o sujeito nas neuroses pode dispor.

Se a fixação do gozo pulsional determinada pelo fantasma toma o sujeito na repetição desse gozo do corpo do Outro, do qual o sujeito não consegue sair, paradoxalmente, o fantasma com sua lógica tal como também o concebe Lacan – como andaime da gramática pulsional – faz suplência à carência do objeto do desejo inconsciente, revelando-se como significação da verdade do desejo e, no mesmo movimento, de sua impossibilidade.

A lógica do fantasma, comportando a alienação e a separação, pode se configurar como uma matriz escrita que se repete, embora solidária à própria lógica do sujeito, isto é, a sua invenção para se haver com a castração do Outro. Lacan (1966-1967) também deixa entrever que o fantasma socorre o sujeito, uma vez que realiza a posição de objeto para fazer voltas ao desamparo que a falta no Outro produz. É também com o recurso do fantasma que o sujeito pode realizar sua entrega ao Outro, como objeto, sem, contudo, realizar no real da experiência.

Perguntamo-nos o que nos ensina, meio às avessas, a clínica dos autistas sobre a lógica do fantasma e de sua função de sustentação da gramática pulsional. Sem o recurso do fantasma, como o sujeito poderia não realizar sua entrega ao Outro como objeto? Que destino para o sujeito sem a matéria do fantasma e seu arranjo de linguagem? Que saídas para o sujeito, sem a tela do fantasma que emoldura o mundo e a relação ao Outro?

Essas e outras questões nos colocaram a trabalho, fazendo-nos indagar se o *fenômeno do duplo* – foco de interesse de Freud e Lacan –, não raro identificável na clínica com os autistas, teria com o fantasma e sua função alguma solidariedade de estrutura, ou se sem o recurso do fantasma o sujeito faz apelo ao *duplo*, como um trabalho importante de proteção contra a angústia e de abertura para o Outro.

Importante se faz, entretanto, sublinhar que não se trata de pensar o *duplo* no lugar do fantasma ou como seu substituto, tampouco com a mesma função. Nossa discussão indaga o duplo como recurso do sujeito, certo "arranjo" no lugar vazio do fantasma.

Foi em 1919, no seu texto *O estranho*, que Freud se ocupou do *duplo*, em meio a um daqueles temas de *estranheza* que se destaca mais, assegurando que "aparece em todas as formas e em todos os graus de desenvolvimento" (FREUD, [1919] 1996f, p. 293). Partindo das elaborações de Otto Rank (2013), Freud diz que "originalmente" o "duplo era uma segurança contra a destruição do eu, uma enérgica negação do poder da morte" (FREUD, [1919] 1996f, p. 293).

Indo além das premissas de Rank, Freud assegura que a ideia do "duplo" não desaparece necessariamente ao passar o narcisismo primário, pois pode "receber novo significado dos estádios posteriores do desenvolvimento do eu".

Freud diz poder revestir de um novo significado a "velha ideia do duplo e atribuir-lhe uma série de coisas" (p. 294). Ali ele descreve sumariamente o "duplo" em três níveis: duplicação, divisão e intercâmbio. Aponta as situações nas quais surgem personagens que devem ser considerados idênticos, porque parecem iguais. Essa relação é acentuada por processos mentais, diz ainda Freud, que saltam de um personagem a outro, como na telepatia de modo que um possui conhecimento, sentimentos e experiências em comum um com o outro. Descreve também situações nas quais há uma identificação tal com outra pessoa que o sujeito já não sabe quem é o seu "eu" ou substitui o seu próprio "eu" por um estranho. Há também "o retorno da mesma coisa". "A repetição dos mesmos aspectos, ou características, ou vicissitudes, dos mesmos crimes, ou até dos mesmos nomes, através das gerações que se sucedem" (p. 293).

Maleval (2009b), atento aos depoimentos de autistas que se engajaram em tratamentos, procurou extrair deles o que nos ensinam sobre o "funcionamento subjetivo dos autistas". Em meio às suas elaborações, encontramos ressonâncias para as nossas questões sobre o duplo e a questão fundamental que trazemos: o duplo poderia funcionar para o sujeito no autismo como a uma espécie de suplência à tela do fantasma que emoldura o mundo e a relação ao Outro?

Para se construir, diz Maleval (2009b, p. 4), o autista que recusa se introduzir na alienação se confronta com uma dificuldade que pertence apenas à sua estrutura subjetiva: "Como tratar o gozo do vivo quando não se dispõe desse aparelho para mortificá-lo que o significante constitui?".

A essa questão se somam outras: sem um *prêt-à-porter* de que fala Lacan (1966-1967) para esculpir o fantasma, o autista operaria com o duplo? Numa outra via, podemos nos perguntar: sem o trabalho do duplo, como se arranja o sujeito nos autismos?

Maleval acompanha os depoimentos de Donna Williams, Temple Grandin e outros para abrir a discussão sobre a "criação dos duplos" por alguns autistas. Assinala que "o duplo autístico não é um perseguidor, mas antes um protetor a partir do qual pode vir a operar uma ligação dinâmica" (MALEVAL, 2009b, p. 11, tradução nossa).

De um lado, para Maleval (2009b), há um ganho de animação libidinal do sujeito que pode construir um duplo, ou vários, como mostra Donna Williams em seu relato, ou fazer de um objeto seu duplo. "O duplo que o protege do gozo do Outro, pode estar para alguns autistas, encarnado em objetos concretos", diz Maleval. Daí não convém retirar dele seu objeto, como pensam alguns, sob pena de retirar-lhe a borda que lhe permite se proteger.

Maleval (2009b) lembra também o "duplo animal ou mecânico" de que alguns autistas dão testemunho.[32]

---

[32] Donna Williams (2012) relata em seu livro os duplos que construíra: Carol, Wille, mas também um duplo não humano: um gatinho perdido que "representa seu eu" indefeso.

De outro lado, quando seus duplos sobem à cena do mundo, o autista pode desaparecer, desvanecer, esvair-se. É também pelo duplo que o sujeito nos autismos faz valer o que enraíza a estrutura autística: o que leva o sujeito a morrer para o mundo.

O duplo, como indicou Freud ([1919] 1996f) – na vertente tanto da duplicação, da divisão ou da troca ou confusão –, pode, diríamos, estar ou não ao alcance do sujeito nos autismos.

Para Williams (2012), quando nada a impelia a sair de seu mundo protegido, apenas uma via se abria para o outro mundo: seu reflexo, que ela tentava encontrar freneticamente no mundo do espelho.

> Eu o olhava nos olhos. Tentava tocar seus cabelos. Em seguida, falava com ele. Mas ele permanecia para todo o sempre do outro lado e eu não podia penetrar lá. [...] A lógica me dizia que eu não estava na companhia de meu reflexo, mas a percepção desse outro eu vivo desafiava a lógica. Os dois não se anulavam, e eu não podia reconciliá-los (WILLIAMS, 2012, p. 16, 99).

Porém, quando o sujeito no autismo não chega a recorrer ao duplo para se proteger, fica na posição de gozo do Outro. Ele se encontra, então, incitado a se automutilar, a quebrar, a urrar, na melhor das hipóteses, a recorrer a comportamentos "autossensuais" (MALEVAL, 2003, p. 14).

Diferentemente de Maleval (2003), poderíamos supor que, mesmo nessas ocorrências, há algo além de meros comportamentos ou estereotipias desprovidas de qualquer nexo. Afinal, nesses atos supostamente acéfalos, presentifica-se o que há de sujeito, mesmo que como *Es* cristalizado, que insiste num trabalho vão de ensaiar um corte, isolado, descarrilado, porque não chega a localizar o que cortaria, nem do que se destacaria.

Vale lembrar que, para Lacan ([1959-1960] 1995, p. 45), o *Es* já implica uma organização e articulação, não sendo apenas uma realidade bruta, nem somente o que haveria antes. "O Es é aquilo que no sujeito é susceptível, por intermédio da mensagem do Outro, de tornar-se Eu".

Assim, abrem-se questões caras à clínica com o sujeito nos autismos: estaria o sujeito no autismo condenado à desaparição, senão ao esvaecimento, quando encontra sua saída pela construção do(s) duplo(s)? Não obstante, o sujeito que não fez o trabalho do duplo poderia construí-lo no decorrer de um tratamento analítico, como o que faz borda ao gozo mortificador do Outro sobre o sujeito? Seria necessária uma "volta a mais" no tratamento do autista para um descolamento do sujeito de seu duplo?

Um aspecto importante que precisamos considerar é que, no dizer de Maleval (2003) – e o testemunhamos, por vezes, na clínica –, quando um objeto autístico "é elevado ao mais alto grau, descola-se do duplo para se articular de maneira estreita ao Outro de síntese".[33] Para Maleval, "se o duplo chega a se articular ao Outro de síntese, há uma via de promessa de saída do universo autístico" (p. 26). Essa é nossa aposta.

Notas sobre o corpo do analista na lógica do tratamento de crianças autistas

Alguns psicanalistas pesquisados discutiram o recurso do autista ao *duplo* no tratamento, para constituir uma borda, para construir uma referência, inclusive, da imagem do corpo, afirmando que o próprio corpo do analista pode ser, para o autista, esse duplo, em muitos casos. Como é que ele funciona, como é que ele se deixa funcionar como duplo é o que nos cabe interrogar.

Cabe ao analista compreender qual o uso que o sujeito vai fazer dele, de sua presença, de seu corpo. E um dos usos pode ser esse, o de funcionar para o sujeito, ainda que como uma medida provisória, como duplo.

Podemos dizer que a clínica do autismo é uma clínica com o corpo do analista, que às vezes se vê na função de oferecê-lo como instrumento de trabalho com essas crianças.

Muitas vezes o corpo do analista tem que acompanhar o corpo da criança no início do contato, na prática clínica. Tem crianças que, por não terem certa noção do limite do próprio corpo, como vimos, se misturam com e aos objetos. Muitas vezes, o corpo do analista funciona quase como anteparo. O analista se oferece enquanto anteparo, sobretudo para as crianças pequenas com dificuldades de ficar em pé, de andar numa linha reta, de se orientar no espaço, precisando

---

[33] O "Outro de síntese" é mencionado por Maleval (2003) referindo-se ao Outro a que "intelectualmente" é desenhado pelo autista, como as peças de um quebra-cabeças.

ser amparada pelo analista como um apoio, até como um "espelho" que às vezes mimetiza seus gestos, na perspectiva de construir bordas para o corpo fragmentado.

Algumas usam o corpo do analista como esse amparo ou até anteparo, e é possível constatar que isso pode estabilizá-las. O corpo do analista nessa clínica é ativo e intervém, não é como um móvel da sala. Assim, um analista há de colocar seu corpo a serviço do tratamento, com toda cautela que lhe convém.

Algumas considerações sobre a prática entre vários

O termo "prática entre vários" foi utilizado pela primeira vez por Antonio Di Ciaccia em seu trabalho com crianças autistas e psicóticas na instituição belga Antenne 110. Nas entrevistas de pesquisa, psicanalistas, em especial os que trabalham em instituições públicas, reiteraram sua aposta nesse dispositivo, argumentando sua maior eficácia junto a crianças autistas.

As razões atribuídas por esses psicanalistas são muitas, mas colocamos em destaque uma delas, fundamental para o tratamento de crianças autistas: a transferência diluída. Diante da absoluta dificuldade do sujeito com o Outro, a transferência diluída entre vários poderia apaziguar o sujeito dos efeitos aterradores do Outro invasivo.

Insistimos no fato necessário, inspiradas pelo saber da psicanálise, que não é possível esperar que um autista se adapte à instituição (de atenção em saúde mental, escolar, de convivência e outras), mas que a instituição se adapte à criança autista.

Para nós, neste trabalho feito por muitos, independente de se realizar na instituição ou no consultório, faz-se necessária a presença de um analista que possa, junto aos outros especialistas, fazer exceção: ao menos um que não... Um que não encarna esse Outro invasivo, oferecendo uma presença quase rarefeita, discreta e sutil. O analista precisa estar tão delicadamente assentado, que sua voz, seu olhar, qualquer insígnia de sua presença deve ser calculada clinicamente.

Intervenção a tempo

O trabalho com bebês, crianças pequenas e seus pais apareceu com vigor entre as modalidades de tratamento psicanalítico dos autismos. Não vamos nos ater aqui a uma explanação aprofundada do tema, posto que vários psicanalistas (Laznik-Penot, 1997; Vorcaro, 1997; Jerusalinsk, J., 2012; Kupffer, 2010, 2014; Messias, 2004; Antunes, 2004) têm se ocupado de formalizar o trabalho com bebês e crianças pequenas com sinais de risco de autismo, sob a nomeação de "intervenção precoce". Optamos por manter o termo "intervenção a tempo", pois merece do leitor uma atenção especial.

Trata-se do trabalho de psicanalistas, inspirados pelo saber da psicanálise, de operar frente a bebês e crianças pequenas com riscos de autismo e seus cuidadores, uma intervenção no momento exato necessário à sua constituição psíquica. Nem antes, nem depois: a tempo. Trata-se de um reendereçamento à criança dos discursos que se tecem sobre ela e a ela, antecipando, engendrando um sujeito, retirando-o da posição de objeto falado (ou não falado) pelo Outro.

Julgamos ser um campo fértil e aberto a caminhos promissores no tratamento psicanalítico dos autistas.

O tratamento psicanalítico de crianças autistas: premissas

Trazemos aqui, neste ponto, aquilo que saltou com vigor da pesquisa com os psicanalistas entrevistados, assim como da extensa pesquisa bibliográfica que fizemos ao longo de cinco anos. Obviamente, o leitor já encontrou os rastros e as trilhas sobre o tratamento nos volteios deste escrito, desde seu início.

Não vamos omitir ou deixar escapar as contradições e divergências que pudemos identificar no campo da prática clínica ou teórica, mas buscamos transmitir, a nosso modo, como dissemos – com a escrita de nossa escuta –, aquilo que consideramos de mais precioso para provocar elaborações, debates e abrir possibilidades para que cada psicanalista, cada instituição, cada serviço de atenção a crianças autistas possa interrogar seu fazer, no compromisso com o melhor tratamento que pudermos ofertar.

Longe de trazermos prescrições, formas de operar, modelos, trazemos elementos importantes para que aquele que se ocupa de tratar e educar crianças autistas possa estar atento, interrogar-se, buscar seu modo próprio de conduzir seu trabalho, sem, contudo, negligenciar os elementos que trazemos, fruto desta pesquisa, considerando-os e fazendo valer aquilo que ressaltamos como imprescindível na lida com essas crianças, seja nos lugares de tratamento, seja na escola ou em outros projetos e programas terapêuticos.

O que ressaltamos da fala dos psicanalistas entrevistados é que a psicanálise tem um corpo teórico que sustenta o ato do analista. Não é tentativa e erro. É uma tentativa com certo amparo, não é um fazer aleatório. Cabe destacar, também, que o analista vai acompanhando e se pautando pelas respostas do sujeito e vai interrogando ou confirmando com sua teoria aquilo que se lhe apresenta na condução do tratamento. Isso é o que permite, muitas vezes, à clínica avançar ou requintar os princípios em que se sustenta, a partir da especificidade do autismo e de cada sujeito autista.

Com pequenas divergências sobre se há ou não um sujeito nos autismos – pois alguns poucos psicanalistas falam de "efeitos de sujeito" no dispositivo analítico –, dizemos que nossa aposta é de que há um sujeito e é o seu estatuto ao longo do tratamento que precisamos definir.

Importante também lembrar que toda atenção é dada por nós, psicanalistas, aos antecedentes da criança. Interessa-nos, mais ainda, a resposta que cada criança deu ao que foi previamente oferecido a ela. Que resposta ela construiu, que operação ela fez com isso. E nesse sentido também não cabe falar de uma "culpa" dos pais, pois é sempre o sujeito que se articula ao que lhe é dado ou não. É preciso que a criança venha para o tratamento, porque é muito importante que haja uma chance de interrogar sua resposta.

Para nós, psicanalistas, cada criança autista pode trazer o modo pelo qual ela permite ser abordada. Pode ser que ela permita ser abordada pela via do objeto, ou da voz, do olhar, por ser inicialmente o que ela coloca para o analista como obstáculo, como um ponto de sofrimento ou como uma saída que inventou.

Algumas crianças não suportam nada da ordem do olhar, outras, da voz, outras não suportam a presença do Outro, ou sofrem de seu corpo, não suportando também o contato corporal. Então, muitas vezes, a criança traz o que será o *operador do tratamento*. Cabe ao analista verificar como isso pode vacilar ou não, e como o sujeito pode permitir a entrada do analista.

Justamente pelo fato de o analista ser sensível e considerar o modo como cada sujeito se arranja com o que lhe é avassalador, insuportável, é que uma das premissas do tratamento, diríamos, é acompanhar o sujeito no seu trabalho. Pudemos recolher da fala dos psicanalistas – a que somos solidárias – que ao analista cabe se deixar regular pelo sujeito, seguindo-o, acompanhando-o naquilo que inventa, no seu trabalho de lidar com o Outro, com as insígnias da presença do Outro, a linguagem, o corpo, o objeto, enfim, seu modo particular de estar no mundo.

Muitas vezes, no lugar de determinadas operações psíquicas que não se efetivam – tal como *a extração do objeto*, de que falaremos mais adiante, pois é um dos pontos cruciais do tratamento psicanalítico de um autista –, o sujeito entra num sofrimento terrível e por vezes usa de recursos muito nefastos, como a automutilação ou outros recursos nocivos ao corpo, que chamamos de autotratamento do real. Por vezes, os autistas criam "estratégias compensatórias" que "viabilizam a organização da realidade, do mundo, de si próprio e dos outros" (BIALER, 2015, p. 29). Também podemos dizer que constroem medidas protetivas, mesmo que provisórias: "Quando braços competentes e delicados intrometiam-se no meu espaço, eu me refugiava na contemplação dos pés. Um muro eleva-se entre mim e eles" (WILLIAMS, 2012, p. 43).

Aqui, podemos ver que não é o Outro que se "intrometia", mas "braços". Diz Naoki Higashida[34] ao responder à pergunta "Por que você não faz contato visual quando está falando?":

> Para onde então eu fico olhando? Você poderia achar que é para baixo ou para o ambiente. Mas estaria enganado. Na verdade, olhamos para a voz de outra pessoa. As vozes não são coisas visíveis, mas tentamos ouvir a outra pessoa com todos os nossos órgãos do sentido. [...] o que me incomodou por muito tempo foi essa ideia que as pessoas têm de que, se existir contato visual enquanto conversam conosco, vamos compreender cada palavra. Ah! Se só isso fosse suficiente, minha incapacidade já teria sido curada há muito, muito tempo... (HIGASHIDA, 2014, p. 50).

Os autistas vão dando muitas possibilidades de apreensão daquilo que realizam no lugar do que não aconteceu – das operações lógicas que engendram o sujeito e seu desejo:

---

[34] Trazemos novamente a fala de Higashida, agora mais detalhada, por compreendermos que é paradigmática do que se passa com o sujeito nos autismos.

[...] O mesmo ocorria em festas de aniversário. Eram uma tortura para mim. A confusão criada por todo aquele barulho me deixava perturbada. E eu reagia invariavelmente batendo em outra criança, ou pegando um cinzeiro ou outro objeto que estivesse à mão atirando-o longe da sala (GRANDIN; SCARIANO, 1999, p. 30).

Vitor Mendonça (2015, p. 35), nomeando-se Asperger a partir do diagnóstico dado a ele pelo psiquiatra, vai também mostrando as fontes de sofrimento de um autista: "Nós realmente conseguimos pensar e fazer tantas coisas ao mesmo tempo, e isso pode se tornar um peso insuportável, porque nosso cérebro é hiperexcitado". Vitor vai, passo a passo, dando a ver seu modo de funcionar: "[...] está sempre ligado em muitos pensamentos simultâneos, numa espécie de compulsão. É um dos aspectos mais dolorosos da síndrome. É como se você não conseguisse relaxar nunca".

Os psicanalistas foram unânimes em tratar todos esses "fenômenos" – como diriam os especialistas – como um trabalho do sujeito. Essa é uma das diferenças fundamentais da psicanálise com outras correntes teóricas e práticas terapêuticas. Não são, para nós, "comportamentos" a serem extirpados ou impedidos, mas saídas, invenções, estratégias compensatórias, que exigem um trabalhoso esforço psíquico do sujeito e que, portanto, devem ser respeitados e sustentados pelo analista até que o sujeito possa prescindir e construir novas medidas protetivas que não o encabule.

Aquilo que pode parecer para muitos um enlouquecimento ou mesmo sinais de debilidade, posto que repetição do mesmo, para os psicanalistas é um saber-fazer do autista com o autismo.

Essas foram, a nosso ver, as premissas mais importantes a serem transmitidas aqui, que figuraram nas falas dos psicanalistas lacanianos. O leitor poderá identificar muitas outras se buscar com atenção no texto e nas entrelinhas do livro. Poderá, também, inventariar suas próprias premissas, inspirado pelo saber da psicanálise.

A clínica dos detalhes:
um tratamento para cada criança autista

Pudemos extrair da pesquisa com os psicanalistas uma série de questões que nos fazem avançar na formalização sobre o que entra em jogo no tratamento psicanalítico dos autistas. Seguimos trazendo aqui aquelas que consideramos de maior importância. Um dos desafios encontrados pelo psicanalista é não demandar da criança "quer desenhar, brincar?" ou qualquer menção à criança olhar, falar ou reparar nela.

Um aspecto importante no tratamento psicanalítico de algumas crianças, para quem o objeto voz é insuportável, é a modulação da voz do analista. A voz de quem trata essas crianças deve ser sempre mediada, modulada, ritmada, melodiosa; caso contrário, ela é como uma lança a perfurar os ouvidos, pois chega como mandatos do supereu. É disso que a criança se defende.

Assim também é com o olhar. Convém que o analista olhe verdadeiramente para outro lugar, não se ocupando tanto da criança no momento do tratamento, mas acompanhando, com delicada sutileza, seu trabalho e seu modo de dar lugar (ou não) ao analista em cada movimento do tratamento.

Asperger ([1944] 1991) nos dá indicações preciosas para sermos ouvidos pelos autistas e deles nos aproximarmos "fingindo uma paixão desbotada". Extraindo dessa premissa um valor, o psicanalista faz de sua presença e suas intervenções, algo suportável para o sujeito, deixando cair o fascínio por essas crianças, tão comum entre os especialistas.

A estimulação de crianças autistas é comumente utilizada por especialistas e por programas de atendimento e de reabilitação. Com o que pudemos formalizar no campo da psicanálise sobre o corpo nos autismos, essa modalidade de atendimento fica excluída. Tocar o corpo da criança pode ser, para ela, às vezes, como atravessá-lo, algo insuportável.

Importante lembrar que não escapa à psicanálise o manejo necessário das operações do sujeito com os "objetos autísticos" e com a "imutabilidade" da rotina, posto que é uma proteção contra a angústia e, portanto, não deve ser destituída.

Não ficou fora do discurso dos psicanalistas o fato de que o tratamento psicanalítico de autistas implica que seja preservado um vazio central de saber para que a singularidade de cada criança possa interrogar a teoria e o saber já cristalizado.

Psicanalistas são categóricos na afirmação de que as invenções do sujeito no autismo e suas implicações devem ser acolhidas como um trabalho e não como manifestações clínicas de uma patologia.

Foi dito ainda que, diante das dificuldades do sujeito com o simbólico, as regras "de comportamento" e educativas podem chegar para o sujeito como manifestações do insuportável gozo do Outro, não sendo, portanto, função do psicanalista.

Tanto nas entrevistas quanto na pesquisa bibliográfica, uma atenção especial às modalidades de "extração do objeto" e à "construção da imagem do corpo" pelo sujeito no dispositivo analítico, assim como o recurso ao duplo, como dissemos, são aspectos importantes do tratamento psicanalítico dos autistas.

Para alguns psicanalistas, não existe uma possibilidade de extração do objeto – pensado como resto da operação de castração do Outro –, mas sim um arremedo, um arranjo, uma costura, uma suplência disso. Esse objeto "não caiu" e torna-se impossível produzir essa queda. Outros psicanalistas vão dizer que não se pode pensar numa "extração" do objeto propriamente dita, como na neurose, mas numa extração de gozo. Não haveria essa extração de objeto, em que o analista possa conduzir o sujeito em tratamento, mas trata-se de promover algum ponto de perda suportável na qual o sujeito cede algo do gozo. A partir daí, as trocas se tornam possíveis. Trata-se, para eles, de uma espécie de *exteriorização* do objeto que lhe permita sair do isolamento e entrar no laço social.

Não obstante, há aqueles psicanalistas que, seguindo as trilhas deixadas por Rosine e Robert Lefort (2008) e, mais recentemente, as pesquisas de Éric Laurent sobre as modalidades de extração do objeto nos autismos, procuram identificar, ao longo do tratamento, o trabalho do sujeito para produzir algo que permita uma mínima extração, que não seja pela via da mutilação, já que muitas crianças operam furos no corpo no lugar de uma extração que não aconteceu.

Ao analista, cabe acompanhar esse trabalho singular do sujeito e não interceptá-lo, nem impedi-lo, daí todo cuidado, em especial, com os objetos olhar e voz.

Outro aspecto importante que saltou da fala dos psicanalistas é não somente a consideração, sob transferência, de todo trabalho que o sujeito possa vir a fazer com os objetos, com o corpo, o olhar, a voz e as estereotipias, mas também a validação, a autenticação do ato do autista pelo analista.

Para alguns psicanalistas, tanto quanto para nós, quando o objeto voz aparece do lado da criança, por vezes uma voz imotivada, cabe ao analista testemunhar, acolher e tentar entrar num compartilhamento possível. A aposta é de que, por essa via, a criança esteja fazendo uma convocatória, não uma demanda. Essa convocatória que, sob transferência, abre uma porta de entrada ao analista.

O acesso ao Outro, a partir de uma modalidade singular de "extração" do objeto, pode ser, para muitos psicanalistas, também o que se espera do tratamento psicanalítico.

Fica patente na experiência clínica dos psicanalistas e na nossa a dificuldade do autista com o campo do Outro, o qual não só é extremamente ameaçador e perturbador para o sujeito, mas também extremamente necessário. Podemos dizer que essa extrema dificuldade com o Outro não significa, de modo algum, uma impossibilidade radical, mas sim a necessidade de que isso opere, pois nossa aposta é que exista também, do lado do sujeito, uma necessidade, uma busca dessa entrada do Outro, e, portanto, da saída da extrema solidão do autismo, da feitura do laço que humaniza.

No dizer dos psicanalistas e no nosso, o que se espera do tratamento psicanalítico do autista é que ele possa construir uma borda mínima para o corpo, permitir a entrada do Outro sem tanto sofrimento, operando novas e outras modalidades de tratamento para o Outro e estar no laço social.

Crianças que incluem: atravessando a exclusão de crianças autistas na escola – contribuições da psicanálise para a educação

A presença na escola de crianças que olham para o vazio, com olhos esquivos ou que encaram o outro fixamente sem distrair o olhar causando incômodo no que é olhado – que recusam a presença e as ofertas do outro, que não se comunicam ou o fazem de modo muito singular ou que, às vezes, respondem com um repertório de palavras e condutas aparentemente sem sentido, quiçá, com um mutismo constrangedor – são as chamadas autistas. Algumas falam com voz inexpressiva, com pouca ou nenhuma inflexão ou repetem como um eco o que é dito a ela, às vezes, na terceira pessoa.

Num corpo que a crise desordena, fazem movimentos repetitivos e incessantes. Corpo estrangeiro que, por vezes, socam, mordem, balanceiam, giram. Algumas não suportam nada da ordem da voz, como vimos, tapando os ouvidos com as mãos ou gritando de modo estridente, ou, ainda, mostrando ignorar o que se fala com ela, recolhendo-se no seu isolamento e exílio.

Outras fazem um uso particular dos objetos, ora balançando-os freneticamente, como a seu corpo, como se os objetos fizessem parte dele. Às vezes lambem ou mordem, ou, ainda, batem com os objetos de forma ritmada, girando-os ou se grudando a eles, fazendo dele um escudo com que se protegem da presença do outro, sentida como invasiva mas que, paradoxalmente, pode deixar brecha para o outro entrar. Essa relação com os objetos, por vezes, se constitui em uma "medida protetiva" entre muitas outras que essas crianças inventam para estar no mundo, que, para elas, é vazio infinito.

Diretores, coordenadores, professores e auxiliares de apoio se perguntam, muitas vezes, tomados de angústia: "O que fazer? Como fazer?".

Alguns vão mais longe e indagam: "o que se passa com essa criança?". Outros, já numa primeira visada, a tomam como "deficiente", "descapacitada", não vendo nelas nenhum potencial.

"Como educar uma criança que não nos entende, nos compreende? Como colocar limites, se parece nos ignorar?"

Crianças autistas parecem ser crianças que não querem nada de nós, que não consentem escutar nossas palavras e nossas intervenções, recusando, quase sempre, qualquer oferta.

"Como, então, ensinar uma criança que parece alheia a tudo e a todos?", perguntam os professores para quem essas crianças são um enigma. Para outros, essa pergunta parece passar ao largo. As questões mais recorrentes, que substituem a mais importante "O que podemos fazer por ela?", são: como vamos manter essa criança na escola, sem atrapalhar seu funcionamento? Em que espaços vamos mantê-la para que não altere o bom andamento dos projetos pedagógicos e administrativos? Como fazer para que não prejudiquem "os alunos que não são de inclusão"?

Tais perguntas, mesmo que de algum modo pertinentes e somadas a outras, vão desenhando a cara do nosso sistema educativo que visa à normatização das crianças, à sistematização de conteúdos e de normas, fundadas na lógica do "para todos". Nesse sistema, como fazer caber uma criança que causa estranhamento e inquietação? Como construir estratégias educativas para uma criança que não se curva a reforços e punições? Como conduzir um projeto de trabalho considerando o corpo dessa criança – tal como a psicanálise nos ensina – como alvo de cuidado e não de prescrições de assepsia e disciplina, bem como limites e estimulações? Qual projeto pedagógico para que uma criança autista, como qualquer outra, seja atendida no seu direito de aprender a ler, a escrever e tudo mais que lhe interessar?

Contudo, a pergunta que queremos que reverbere mais aqui é como trabalhar para que uma criança autista realmente esteja dentro da escola – com tudo que isso implica – e não à margem, mais fora da sala de aula, mais com o auxiliar de apoio que com a professora e os colegas?

O título mesmo deste item evoca uma questão: não estamos nos ocupando aqui da exclusão de crianças autistas "DA escola", posto que essa deveria ter sido uma questão já superada, uma vez sob a égide da lei. Mas nos preocupa ainda – e é sobre esse ponto que giram nossas interpelações – a exclusão dos autistas "NA escola".

Aprendemos com a psicanálise, no seu uso da topologia, que um sujeito pode estar dentro, estando fora, ou estar fora, estando dentro... Nessa lógica, podemos identificar a exclusão em suas diferentes roupagens.

Podemos, pois, afirmar que crianças autistas ganham espaço, pouco a pouco, nas escolas regulares, como é de direito. Não obstante, constatamos que não se trata ainda de uma inserção harmoniosa e compreendida por toda a comunidade escolar. Impasses de toda ordem se colocam nesse empreendimento, e a superação da exclusão agora no interior das escolas se faz urgente.

Se essas crianças estão dentro da escola, mas, muitas vezes, fora da sala de aula – vale sublinhar, não somente em função dos sistemas de ensino e das dificuldades relativas às propostas de escolarização oferecidas a essas e outras crianças com necessidades educacionais específicas –, a exclusão, em algumas de suas vestes, ainda se faz sentir. Daí nosso dever ético de colocar em relevo as dificuldades com a inclusão, mas também as possibilidades de ultrapassá-las, senão cercá-las de um novo modo.

Podemos identificar a exclusão tanto do lado da comunidade escolar (direção, professores, auxiliares de apoio) quanto do lado da própria criança autista. Uma exclusão fortalece a outra.

A dificuldade de construir projetos pedagógicos consonantes com o que o próprio autismo nos impõe, seja pelo desconhecimento do que se passa com essa criança, seja pelo modo de ler o que se apresenta, gera um desconforto e um mal-estar intensos, os quais são capazes de paralisar ou de escassear esforços para incluir.

Incluir não é só permitir sua entrada na escola regular. Esse é só o ponto de partida. Incluir pressupõe saber que não se trata de um projeto de fazer a criança se adaptar à escola. Não raro, trata-se de fazer uma torção nesta lógica: trabalhar para que a escola possa se adaptar à criança. Isso não é fácil transmitir e consolidar no cotidiano escolar.

E como uma escola se adaptaria a uma criança autista? Essa questão é um convite para que cada um que compõe o universo escolar construa a resposta, pois ela não está pronta.

Exemplo disso foi a estratégia de uma escola pública de ensino fundamental que, frente ao impossível de suportar o choro e os gritos de uma criança autista a cada chegada à escola, mudou a recepção de todos os alunos. A coordenadora, atenta ao que apaziguava essa criança, descobre uma música que ela gosta e se dispõe a colocá-la no autofalante da escola que ecoa nos corredores durante a entrada dos alunos. Tal gesto não somente permitiu a essa criança em particular suportar sua chegada à escola sem horror, como também criou um clima alegre para todas as outras.

Incluir pressupõe, ainda, deixar cair o manto da deficiência que esconde a criança, sua potencialidade criadora e seu trabalho de estar no mundo, de encontrar um sítio no complexo campo do outro, de lidar com tudo aquilo que a aterroriza, mesmo que este trabalho não seja facilmente identificável ou que seja confundido com expressão ou manifestação da "doença", como às vezes os autismos são vistos.

O que se trata evitar é que o contato com os autismos se faça sob a forma da violência, do "educar a ferro e fogo", nas diferentes modalidades de contenção, de medo ou desistência, de descrédito ou piedade, de complacência ou omissão.

Parafraseando Lobosque (2001, p. 22) o autismo "é uma experiência humana". Reconhecemos os autismos

> [...] não como aberração ou déficit, mas como experiências legítimas e pensáveis do corpo, da existência, do pensamento. Experiências perturbadoras, sim, porque podem rasgar o

sentido; mas podem também, em certos casos, imprimir ao sentido outros cortes, possibilitando inimagináveis refazendas.

Incluir é não permitir que o autista seja reduzido a "um cérebro sem vida", sem animação, como já dissemos, incapaz de apreender ensinamentos ou assimilar informações, construir saberes e conhecimentos. Também não permitir uma leitura do autismo como doença mental a ser medicalizada e ter suas manifestações, por mais transtornadoras que sejam, caladas ou extirpadas. Muitas dessas manifestações, numa primeira visada, bizarras são formas singulares de suportar o encarceramento e a solidão em que o autismo coloca o sujeito.

Incluir é "des-cobrir" nas manifestações, por vezes inadequadas ou excêntricas de um autista, um trabalho de se incluir, mesmo às avessas, no mundo escolar, que é também o mundo do Outro.

Muitas contingências nos mostram como a criança autista pode estar dentro da escola estando fora dela: sem se comunicar, interagir, fazer laço, olhar, escutar o que a ela é dito, sem aprender. Assim, muitas vezes, é a própria criança, pela própria estrutura psíquica, que se exclui.

Muitos são complacentes com a exclusão e não se movimentam no sentido de romper com ela ou, ao menos, contribuir para que a própria criança o faça.

É preciso com urgência perguntar: como construir um caminho para que uma criança autista, no cotidiano escolar, possa atravessar e romper com a exclusão que o próprio autismo a condena?

"Presas do lado de fora", não há projeto pedagógico que não fracasse.

O outro lado da exclusão está referido ora à impotência, ora ao descrédito de educadores, que nascem da representação que eles têm do autismo. Nada mais angustiante que a impotência de um educador frente à sua função.

Não raro, torna-se insuportável para o educador a não resposta da criança autista às suas diferentes ofertas e tentativas de aproximar, ensinar, interagir ou socializar. Por vezes, incluir significa suportar não saber lidar, não saber o que fazer, como fazer, considerando os enigmas que essas crianças colocam, suas "esquisitices" e bizarrices, não como sinais de sua aparente "deficiência", mas como recursos frente ao horror que lhe causa a presença do outro. Encontrar recursos para o abalo que provoca a falta de respostas da criança autista parece ser imprescindível para o educador não recuar frente ao desejo de ensinar.

E, no mesmo movimento, é preciso romper com a impotência e também inventar saídas no cotidiano escolar para trazer de volta a criança encarcerada nos autismos. Cada educador é responsável por essa tarefa. A aposta na possibilidade da criança é o primeiro passo. Quando essa aposta não existe ou é destituída pelas dificuldades do convívio, as consequências são desastrosas.

Freud ([1914] 1996g) usa cuidadosamente o verbo *Durcharbeitung* para falar de um *trabalho de atravessar rompendo*, de atravessamento dos pontos do insuportável que escapam à simbolização, ou no dizer de Lacan ([1964] 1985a), do "Real que insiste". Se diante de uma criança autista um educador sustenta a certeza de uma limitação irredutível, não há possibilidade de esse trabalho atravessar a exclusão, rompendo com ela. A aposta reiterada na criação de um campo de possibilidades que se abre com a presença da criança ali dá ao educador a chance de localizar o possível de sua função e, deixando cair sua impotência, aceitar os pontos de impossibilidade. Pontos, apenas, não uma tarefa impossível.

Se ainda há exclusão de autistas a ser superada na escola, há também experiências de inclusão realizadas pelas próprias crianças que convivem com as primeiras. Extraímos alguns elementos dessas experiências de *crianças que incluem*, suas intervenções, bem como os efeitos sobre as crianças autistas e o que elas nos ensinam. Vejamos.

Em comemoração à semana das crianças, uma escola pública aluga alguns brinquedos, entre eles, o futebol de sabão. Ao chegar ao futebol de sabão, Isaque tira toda a roupa e se recusa a vesti-la. Vários educadores insistem para que ele se vista, mas Isaque se esquiva, grita, tenta morder.

Mas eis que uma criança o chama para brincar e diz: "aqui a gente não pode brincar pelado, veste sua cueca, pelo menos". Isaque veste a cueca e brinca no futebol por algum tempo, depois, tira a cueca novamente. Um menino, rindo muito, segura em suas mãos e diz: "Hoje você está muito levado. Pelado não dá pra brincar, põe a cueca que eu te ajudo. Você vai jogar comigo, mas pelado não". Isaque veste a roupa sem hesitar e o colega chama sua atenção para as bolhas de sabão que saíam de um aparelhinho, incluindo-o na brincadeira com os outros.

Outras situações nos chamam atenção. Diz a coordenadora da escola:

> Isaque às vezes leva algum brinquedo para a escola, tentamos envolvê-lo no horário lúdico com o brinquedo. As crianças chamam para brincar e às vezes sugiro alguma brincadeira, como em um dia que ele trouxe um dragão para a escola e as crianças queriam o brinquedo. Montei um espaço com massinhas e panelinhas e sugeri que alimentassem o dragão. As crianças rapidamente organizaram as massinhas e panelinhas ao redor de Isaque. Durante a brincadeira ele permite que as crianças brinquem com o dragão e, em uma disputa das outras crianças pelo brinquedo, ele tenta retirar o dragão de uma delas. A outra criança fala para ele que vai alimentar o dragão, e Isaque permite. Após essa brincadeira, uma criança resolve ser o dragão e chama Isaque para pegá-la, eles começam a brincadeira de pega-pega (MARQUES, 2016, p. 3).

Algumas vezes Isaque corre atrás das crianças com a boca aberta, como que para mordê-las. Logo as crianças iniciam uma brincadeira de "pegar com a boca", correndo atrás umas das outras com a boca aberta. O que poderia se constituir numa agressão, com a intervenção dos colegas, verteu-se em brincadeira com a adesão de Isaque, que as imita.

Alguns psicanalistas (KUPFER; PINTO, 2010; RAHME, 2014) ocupados com a permanência de crianças autistas na escola perguntam-se sobre os efeitos do "encontro com o outro" na escola e sobre "o que uma criança pode fazer pela outra".

Algumas respostas dos psicanalistas a essas perguntas nos interessam aqui. Para Kupfer e Pinto (2010), a inserção e a permanência na escola podem oferecer às crianças autistas uma discursividade diferente daquela em que até então ela esteve. Isso implica também efeitos subjetivos importantes. Muitas vezes, uma criança não vê na outra um autista ou um "esquisito", mas um colega com quem ela interage e conversa, como vimos nos exemplos citados. Isso pode, por vezes, promover o descongelamento de uma posição autística para uma abertura ao convívio com o outro.

Outro aspecto importante que Kupfer e Pinto (2010) destacam nesse convívio na escola é que as crianças, entre elas, se tocam, se deixam tocar, se acariciam. A erogeneização do corpo que isso promove pode contribuir muito para as crianças e para as autistas, de modo particular.

Sabemos que, sendo afetada de forma radical na estrutura imagística de seu corpo e também na função de borda dos orifícios corporais, muitas vezes, o corpo de uma criança autista é máquina de movimentos, desabitado, alheio ao prazer. Essa possibilidade de tocar e se deixar tocar por outra criança pode "humanizar" o corpo, no sentido de trazer a ele uma possibilidade inicial de criar certa borda, um dentro e um fora, em que um sujeito possa, por fim, habitar.

Rahme (2014) assinala *o saber* que as crianças produzem sobre os colegas autistas. Esse saber, por vezes, leva a uma compreensão de suas condutas que, para elas, deixam de ser tão bizarras para ter um estatuto singular. Esse saber facilita a inclusão das crianças.

Destacamos alguns aspectos muito relevantes que decorrem da permanência das crianças autistas na escola: *a mudança do estatuto da voz e do olhar,* no convívio com outras crianças e a função da escrita para as crianças autistas.

Não raro, crianças autistas rechaçam a voz porque chegam como insígnia da presença do outro sentido como invasivo e ameaçador. Algumas crianças tapam os ouvidos com as mãos para calar a voz que a ela se endereça e a deixa siderada. Outras se fingem de surdas, construindo um muro que as separa do outro.

Também não costumam se valer da voz como suporte para demandar algo ou dirigir-se ao outro. Muitas balbuciam, repetem as mesmas frases ou palavras, numa estrutura de continuidade não endereçada, dirigida. Por vezes, podem escutar a voz que seja ritmada, musicada.

Contudo, podemos observar que, no ambiente escolar, a voz, que é autorreferente para o autista, vinda de outra criança, pode ser, em várias circunstâncias, acolhida não mais como um "mandato", mas como insígnia de uma presença suportável. Muitas vezes, a voz antes apartada de quem e do que se fala pode encontrar esteio num tecido simbólico, fio de uma enunciação.

Assim ocorre também com o olhar. Muitas crianças autistas evitam o olhar, esquivando-se com um olhar vago e difuso ou olham de forma fixa e perturbadora. Não obstante, entre as crianças, o olhar parece perder essa consistência, e, muitas vezes, as crianças autistas olham e se deixam olhar pelas outras crianças.

Poderíamos elencar várias situações nas quais as crianças levam suas colegas autistas a participar de atividades pedagógicas e eventos escolares; possibilitam trocas de olhares e escuta do que é dito. Nossa hipótese é que, justo porque, não tendo "um querer demasiadamente afirmado em relação a estas, não acentuam seu retraimento". Agem, como nos indicava Asperger (1991), com uma "paixão desbotada", ensinando que todo "furor pedagógico" é nocivo à inclusão e ao aprendizado das crianças autistas e como o educador precisa se inclinar a apagar-se para dar lugar ao saber dessas crianças.

> Contudo, a inclinação do educador não é se apagar; ele tem posse de um saber suposto a fazer bem para o sujeito. Ele dispõe, em geral, concernindo aos autistas, de uma teoria sobre os estágios do desenvolvimento aos quais ansiaria fazer com que a criança ascendesse (MALEVAL, 2010, p. 28).

Esse parece ser o maior desafio de um educador na lida com essas crianças. Não se ocupar demais com elas ou delas, servindo-se da intervenção de outras crianças para ensinar e permitir que encontrem apoio próprio para seguirem seu trabalho de construir formas de convívio e de aprendizado pode ser um caminho, além de contribuir para esse "apagamento" necessário.

Isso vale também para nós, psicanalistas. Seguir o trabalho e as saídas inventivas de cada criança autista, não interferir no seu trabalho, nas estratégias compensatórias que inventa ou em suas medidas protetivas, criando outras e novas sob transferência. Também sem o "*furor curandis*" de que fala Freud, esperando que se produza algo desse encontro transferencial, como um clarão.

Referências

ALVARES, K. *O autista e seus objetos*. Rio de Janeiro: 7 Letras, 2016.

ÁLVAREZ, J. M.; ESTEBAN, R.; SAUVAGNAT, F. *Fundamentos de psicopatología psicoanalítica*. Madrid: Síntesis, 2004.

AMORIM, M. O Pesquisador e seu outro. Bakhtin nas Ciências humanas. São Paulo: Editora Musa, 2001.

ANSERMET, F.; GIACOBINO, A. *Autismo: a cada um o seu genoma*. Petrópolis: KBR, 2013.

ANTUNES, M. T. Intervenção a tempo com bebês e seus cuidadores: uma nova proposta. In: FERREIRA, Tânia (Org.). *A criança e a saúde mental. Enlaces entre a clínica e a política*. Belo Horizonte: Autêntica; FUMEC, 2004.

ASPERGER, H. (1944) Autistic Psychopathy in Childhood. In: FRITH, U. (Ed.). *Autism and Asperger Syndrome*. Londres: Cambridge University Press, 1991. p. 37-92.

BAIO, V.; KUSNIEREK, M. L'autiste: un psychotique au travail. *Préliminaire n.º 5*. Bruxelas: Antenne 110, 1993.

BALBO, G.; BERGÈS, J. *Psicose, autismo e falha cognitiva na criança*. São Paulo: CMS, 2003.

BARNETT, K. *Brilhante: a inspiradora história de uma mãe e seu filho gênio e autista*. Rio de Janeiro: Zahar, 2013.

BARROSO, S. F. *As psicoses na infância: o corpo sem a ajuda de um discurso estabelecido*. Belo Horizonte: Scriptum, 2014.

BASTOS, A.; CALAZANS, R. Passagem ao ato e acting-out: duas respostas subjetivas. *Fractal, Revista de Psicologia*, v. 22, n. 2, p. 245-256, maio/ago. 2010.

BETTELHEIM, B. *Sobrevivência*. Porto Alegre: Artes Médicas, 1989.

BIALER, M. *Literatura de autistas: uma leitura psicanalítica*. Curitiba: CRV, 2015.

BLEULER, E. (1911). As esquizofrenias. In: *Psiquiatria*. 15. ed. Rio de Janeiro: Guanabara Koogan, 1985. p. 279-321.

BRUNO, P. *Satisfação e Gozo*. Tradução de Cristina Vidigal e Luiz Henrique Vidigal. Revisão Célio Garcia. Belo Horizonte: Publicação do Simpósio do Campo Freudiano, 1993.

CASTRO, L. R., BESSET, V. L. *Pesquisa-Intervenção na Infância e Juventude*. Rio de Janeiro: Nau, 2008.

DIÁRIO Oficial do Estado de São Paulo. Coordenadoria de Regiões de Saúde. Departamento Regional de Saúde da Grande São Paulo. São Paulo: SP, 4 set. 2012.

DICIONÁRIO Larousse francês/português, português/francês. São Paulo: Larousse, 2006.

FARIAS, F. R. *Impulsões nas patologias do ato e na Body Art: consumo e gozo*. Rio de Janeiro: UNIRIO, 2010. Tese (Doutorado em Psicologia Social) – Programa de Pós-Graduação em Memória Social, Universidade Federal do Estado do Rio de Janeiro, Rio de Janeiro, 2010.

FERRARI, I. A Ignorância fecunda inerente à pesquisa. In: CASTRO, L. R., BESSET, V. L. *Pesquisa-Intervenção na Infância e Juventude*. Rio de Janeiro: Nau, 2008.

FERREIRA, T. (Org.). *A criança e a saúde mental: enlaces entre a clínica e a política*. Belo Horizonte: Autêntica, 2004.

FERREIRA, T. *A Escrita da Clínica: Psicanálise com Crianças*. 3. ed. Belo Horizonte: Editora Autêntica, 2017a.

FERREIRA, T. A criança e o adolescente – sujeitos de direito. In: HELENO, C. T.; RIBEIRO, S. M. Criança e adolescente – sujeitos de direitos. Belo Horizonte: Conselho Regional de psicologia de Minas Gerais, 2010.

FERREIRA, T. (Org.). *Pesquisa e psicanálise: do campo à escrita*. Belo Horizonte: Autêntica, 2017b. (No prelo.)

FREUD, S. (1920) A psicogênese de um caso de homossexualidade numa mulher. In: *Além do Princípio do Prazer, Psicologia de Grupo e outros trabalhos*. Rio de Janeiro: Imago, 1996a. (Edição standard brasileira das obras psicológicas completas de Sigmund Freud, v. XVIII.)

FREUD, S. (1917) Conferência XXIV: o estado neurótico comum. In: *Conferências introdutórias sobre psicanálise*. Rio de Janeiro: Imago, 1996b. p. 379-392. (Edição standard brasileira das obras psicológicas completas de Sigmund Freud, v. XVI.)

FREUD, S. (1933) Conferência XXXII: ansiedade e vida instintual. Novas conferências introdutórias sobre Psicanálise. Rio de Janeiro: Imago, 1996c. p. 85-112. (Edição Standard Brasileira das Obras Psicológicas Completas de Sigmund Freud, v. XXII.)

FREUD, S. (1905) Fragmento da análise de um *caso* de histeria. In: *Um caso de histeria e Três ensaios sobre a teoria da sexualidade*. Rio de Janeiro: Imago, 1996d. p. 163-195. (Edição standard brasileira das obras psicológicas completas de Sigmund Freud, v. VII.)

FREUD, S. (1925) Inibições, sintomas e ansiedade. In: *Um estudo autobiográfico*. Rio de Janeiro: Imago, 1996e. p. 79-168. (Edição standard brasileira das obras psicológicas completas de Sigmund Freud, v. XX.)

FREUD, S. (1919) O estranho. In: *Uma neurose infantil e outros trabalhos (1917-1918)*. Rio de Janeiro: Imago, 1996f. p. 237-269. (Edição standard brasileira das obras psicológicas completas de Sigmund Freud, v. XVII.)

FREUD, S. (1914) Recordar, repetir e elaborar (novas recomendações sobre a técnica da psicanálise II). In: *O caso de Schreber e artigos sobre técnica*. Rio de Janeiro: Imago, 1996g. p. 159-172. (Edição standard brasileira das obras psicológicas completas de Sigmund Freud, v. XII).

FREUD, S. (1901) *Sobre a psicopatologia da vida cotidiana*. Rio de Janeiro: Imago, 1996h. (Edição standard brasileira das obras psicológicas completas de Sigmund Freud, v. VI.)

GESELL, A. L. *A criança dos 0 aos 5 anos*. São Paulo: Martins Fontes, 1996a.

GESELL, A. L. *A criança dos 5 aos 10 anos*. São Paulo: Martins Fontes, 1996b.

GRANDIN, T.; SCARIANO, M. M. *Uma menina estranha: autobiografia de uma autista*. Tradução de Sérgio Flaksman. São Paulo: Companhia das Letras, 1999.

HANNS, L. *Dicionário Comentado do Alemão de Freud*. Rio de Janeiro: Jorge Zahar Editora, 1996.

HIGASHIDA, N. *Palavras de um menino que rompem o silêncio do autismo. O que me faz pular*. Tradução de Rogério Durst. Rio de Janeiro: Intrínseca, 2014.

INSTITUTO ANTÔNIO HOUAISS. Dicionário Houaiss da língua portuguesa. Rio de Janeiro: Objetiva, 2001.

JERUSALINSKY, A. O autismo como exclusão significante. In: *Autismo: intervenção, clínica e pesquisa*. Revista da Associação Psicanalítica de Curitiba, n. 22. Curitiba: Juruá Editora, 2011.

JERUZALINSKY, A. *A Psicanálise do Autismo*. Porto Alegre: Artes Médicas, 1984.

JERUZALINSKY, J. *Enquanto o futuro não vem: a psicanálise na clínica interdisciplinar com bebês*. Salvador: Ágalma, 2002.

KANNER, L. (1943) Os distúrbios do contato afetivo. In: ROCHA, P. S. (Org.). *Autismos*. São Paulo: Escuta, 1997. p. 111-170.

KUPFER, M. C. *Do bebê ao Sujeito: A metodologia IRD nas creches*. Rio de Janeiro: Escuta; FAPERJ, 2014.

KUPFER, M. C.; PINTO, F. (Orgs.). *Lugar de vida, vinte anos depois: exercícios de educação terapêutica*. São Paulo: Escuta, 2010.

LACAN, J. (1958) A direção do tratamento e os princípios de seu poder. In: *Escritos*. Rio de Janeiro: Zahar, 1998a. p. 591-652.

LACAN, J. Apertura de la sección clínica. *Ornicar?*, n. 9, p. 7-14, 5 enero 1977.

LACAN, J. (1949) O estádio do espelho como formador da função do Eu tal como nos é revelada na experiência psicanalítica. In: *Escritos*. Rio de Janeiro: Zahar, 1998b.

LACAN, J. (1958-1959) *O Seminário, Livro 06: O desejo e sua interpretação*. Inédito. [s.d.]

LACAN, J. (1962-1963) *O Seminário, Livro 10: A angústia*. Rio de Janeiro: Zahar, 2005.

LACAN, J. (1964) *O Seminário, Livro 11: Os quatro conceitos fundamentais da psicanálise*. Rio de Janeiro: Zahar, 1985a.

LACAN, J. (1966-1967) *O Seminário, Livro 14: A lógica do Fantasma*. Inédito. [s.d.]

LACAN, J. (1972-1973) *O Seminário, Livro 20:* Mais, ainda. 2. ed. Rio de Janeiro: Zahar, 1985b.

LACAN, J. (1975) *O Seminário, Livro 22: R.S.I., lição de 18 de fevereiro de 1975.* Inédito. [s.d.]

LAURENT, É. *A sociedade do Sintoma. A psicanálise, hoje.* Rio de Janeiro: Contra Capa, 2007.

LAURENT, É. La pratique à plusieurs en institution. In: *Préliminaire,* n. 9/10. Bruxelas: Antenne 110, 1998.

LAURENT, É. A Batalha do autismo – da clínica à política. Rio de Janeiro: Jorge Zahar Editor, 2014.

LAURENT, É. O que nos ensinam os autistas. In: MURTA, A. *et al.* (Orgs.). *Autismo(s) e atualidade: uma leitura lacaniana.* Belo Horizonte: Scriptum; Escola Brasileira de Psicanálise, 2012.

LAZNIK-PENOT, M.-C. Poderíamos pensar numa prevenção precoce da síndrome autística? In: WANDERLEY, D. B. (Org.). *Palavras em torno do berço. Intervenções precoces: bebê e família.* Salvador: Ágalma, 1997.

LEFORT, R.; LEFORT, R. Les Trois premières séances du traitement de l'enfant au loup. *Ornicar?* Paris, n. 28, 1984.

LEFORT, R.; LEFORT, R. *L'avenir de L'Autisme.* Sous La Direction de Judith Miller. Paris: Navarin éditeur, 2010.

LEFORT, R.; LEFORT, R. Psicose no adulto e na Criança: Uma só estrutura. In: *Folha,* Revista da Clínica Freudiana, n. 28/29, jan.-jun. 1989.

LEFORT, R.; LEFORT, R. La invención de una práctica con niños orientada a lo real. Un psicoanálisis orientado a lo real. Carretel, Buenos Aires: 2008a.

LIMA, R. C. A cerebralização do autismo. In: COUTO, M. C. V.; MARTINEZ, R. G. (Orgs.). *Saúde Mental e Saúde Pública: questões para a agenda da Reforma Psiquiátrica.* Rio de Janeiro: NUPPSAM/IPUB/UFRJ, 2007.

LLANSOL M. G. *Onde vais, drama poesia?* Lisboa: Relógio D'água, 2008.

LOBOSQUE, A. M. O. *Experiências da loucura.* Rio de Janeiro: Garamond, 2001.

LOPES DA CRUZ, D. *Um autista muito Especial.* Porto Alegre: Mediação, 2008.

MALEVAL, J-C. De l'objet autistique à la machine. Les suppléances du signe. In: HULAK, F. (Org.). *Pensée psychotique et création de systèmes: la machine mise à nu.* Ramonville Saint-Agne, França: Éditions Érès, 2003. p. 197-217.

MALEVAL, J-C. "Sobretudo verbosos" os autistas. Latusa: Os objetos soletrados no corpo, Rio de Janeiro, EBP-RIO/Contracapa n 12, 2007.

MALEVAL, J-C. Que tratamento para o sujeito autista? In: Ornicar? Digital Nova Época, n 307, setembro/ 2010.

MALEVAL, J-C. *¡Escuchen a los autistas!* Tradução de Enric Berenguer. Buenos Aires: Grama Ediciones, 2012a.

MALEVAL, J-C. L'autisme et as voix. Paris: Éditions Du Seuil, 2009a.

MALEVAL, J-C. (Org.). *L'autiste, son double et ses objets.* Rennes: Presses Universitaires de Rennes II, 2009b.

MALEVAL, J-C. Língua verbosa, língua factual e frases espontâneas nos autistas. In: MURTA, A. *et al.* (Orgs.). *Autismo(s) e atualidade: uma leitura lacaniana.* Belo Horizonte: Scriptum; Escola Brasileira de Psicanálise, 2012b.

MALEVAL, J-C. Os objetos autísticos complexos não nocivos. *Psicologia em Revista,* Belo Horizonte, v. 15, n. 2, p. 223-254, 2009c.

MALEVAL, J-C. Por que a hipótese de uma estrutura autística? *Opção lacaniana online nova série,* ano 6, n. 18, nov. 2015.

MALEVAL, J-C. Qual o tratamento para o sujeito autista? Tradução de Paulo Sérgio de Souza Jr. *ORNICAR, Digital Nova Época,* n. 307, set. 2007.

MARQUES, F. A. O acolhimento de uma criança com autismo: Construções e perspectivas no encontro da escola com o sujeito e seus laços. Artigo Apresentado como requisito parcial para o Título de Especialista, Clínica: psicanálise com crianças e adolescentes, IEC/PUCMINAS, 2016.

MASSON, Jeffrey M. A correspondência Completa de Sigmund Freud para Wilhelm Flies 1887-1904. Rio de Janeiro: Imago Editora 1986.

MENDONÇA, Victor. *Outro olhar: reflexões de um autista.* Belo Horizonte: Manduruvá, 2015.

MESSIAS, C. O. A clínica com bebês e seus pais: uma experiência na Saúde pública. In: FERREIRA, T. (Org.). A criança e a saúde Mental. Enlaces entre a clínica e a política. Belo Horizonte: Autêntica; FUMEC, 2004.

MIRRA, E. Os Conceitos, os fundamentos, a ciência. In: *Revista Transfinitos*, n 12. Traçados da Pulsão. Belo Horizonte: Aleph – Escola de Psicanálise e transmissão, 2014.

MITCHELL, D. Introdução. In: HIGASHIDA, N. *O que me faz pular*. Tradução de Rogério Durst. Rio de Janeiro: Intrínseca, 2014.

MONTEIRO, K. A. Carvalho. *O autista e seus objetos*. Rio de Janeiro: 7 Letras, 2016.

NOTHOMB, A. *A metafísica dos tubos*. Rio de Janeiro: Record, 2003.

OLIVEIRA, M. S. *Pedro Ivo: autismo em prosa e verso*. Belo Horizonte: Getsêmani, 2012.

PIMENTA, P. *Autismo: déficit cognitivo ou posição do sujeito? Um estudo psicanalítico sobre o tratamento do autismo*. Belo Horizonte: UFMG, 2003. Dissertação (Mestrado em Psicologia, Estudos Psicanalíticos) – FAFICH/ UFMG, Belo Horizonte, 2003.

PIMENTA, P. Objeto e linguagem num caso de autismo. In: MURTA, Alberto *et al.* (Orgs.). *Autismo(s) e atualidade: uma leitura lacaniana*. Belo Horizonte: Scriptum; Escola Brasileira de Psicanálise, 2012.

RABINOVICH, D. S. *Una clínica de la pulsión: las impulsiones*. Buenos Aires: Manantial, 1989.

RAHME, M. *Laço social e educação: um estudo sobre os efeitos do encontro com o outro no contexto escolar*. Belo Horizonte: Fino Traço, 2014.

RAHME, M; VORCARO, A. Interrogações sobre o estatuto do outro e do Outro nos autismos. *Revista das Associações Psicanalíticas de Curitiba*, Curitiba: APC, n. 22, 2011.

RANK, Otto. *O duplo: um estudo psicanalítico*. Porto Alegre: Dublinense, 2013.

REGIER, D. A.; KUHL, E. A.; KUPFER, D. J. The DSM-5: Classification and Criteria Changes. *World Psychiatry*, v. *12, n.* 2, p. 92-98, June 2013. Disponível em: <http://www.ncbi.nlm.nih.gov/pmc/articles/ PMC3683251/>. Acesso em: 20 mar. 2014.

RIBEIRO, J. M. L. C. *A criança autista em trabalho*. Rio de Janeiro: 7 Letras, 2005.

RIBEIRO, J. M. L. C.; MONTEIRO, K. A. C. (Orgs.). *Autismo e psicose na criança: trajetórias clínicas*. Rio de Janeiro: 7 Letras, 2004.

SANTIAGO, A. L. O mal-estar na educação e a conversação como metodologia de pesquisa: Intervenção em psicanálise e educação. In: CASTRO, L. R., BESSET, V. L. *Pesquisa-Intervenção na Infância e Juventude*. Rio de Janeiro: Nau, 2008.

SÉVIGNY, R. Abordagem clínica nas ciências humanas. In: ARAÚJO, J. N. G. de; CARRETEIRO, T. C. (Orgs.). *Cenários sociais e abordagem clínica*. São Paulo: Escuta, 2001.

SOLER, C. Autismo e Paranoia. In: ALBERTO, S. (org.). *Autismo e Esquizofrenia na Clínica da Esquize*. Rio de Janeiro: Marca d'Água, 1999, pp. 219 -232.

SOLER, C. *Estudios sobre Las Psicosis*. Buenos Aires: Ediciones Manantial. 1993.

SOLER, C. Fora do Discurso: Autismo e paranoia. In: *Revista de Psiquiatria e psicanálise com crianças e adolescentes*, v. 1. Belo Horizonte: CPP/ FHEMIG, 1994.

SOLER, C. (1992) O desejo do psicanalista – onde está a diferença? In: *Coletânea de Textos de Colette Soler*. Salvador: EBP, 1997, p. 1-3.

TENDLARZ, S. H. *De que Sofrem as Crianças? Psicose na infância*. Rio de Janeiro: 7 Letras, 1997.

TENDLARZ, S. H. Por qué los autistas no tienen cuerpo? In: *Psicoanálisis con niños*. Buenos Aires: Atuel, 1999.

TOUATI, B. Autismo, uma pesquisa. Sobre a necessidade de reprecisar o campo do autismo e dos TID não autísticos. In: LAZNIK, M.-C.; TOUATI, B.; BURSZTEJN, C. (Orgs.) *Distinção clínica e teórica entre autismo e psicose na infância*. São Paulo: Instituto Langage, 2016.

TUSTIN, F. *Autismo e psicose infantil*. Rio de Janeiro: Imago, 1975.

VIEIRA, M. A.; SILVA, R. F. Nota do Editor brasileiro. In: LAURENT, E. *A batalha do autismo: da clínica à política*. Rio de Janeiro: Zahar, 2014.

VORCARO, A. M. R. A Criança na Clínica Psicanalítica. Rio de Janeiro: Cia de Freud, 1997.

VORCARO, A. M. R *Crianças na Psicanálise. Clínica, Instituição, Laço Social*. Rio de Janeiro: Cia de Freud, 1999.

VORCARO, A. M. R Paradoxos de uma psicopatologia psicanalítica de crianças. In: KAMERS, M.; MARIOTTO, R.; VOLTOLINI, R. (Orgs.). *Por uma (nova) psicopatologia da infância e da adolescência*. São Paulo: Escuta, 2015.

VORCARO, A. Topologia da formação inconsciente: o efeito sujeito. *Revista Estudos Lacanianos*, v. II, n. 3, 2009.

WILLIAMS, D. *Meu mundo misterioso*. Tradução de Terezinha Braga Santos. Brasília: Thesaurus, 2012.

WING, L. The Relationship Between Asperger's Syndrome and Kanner's Autism. In: FRITH, U. (Ed.). *Autism and Asperger Syndrome*. Cambridge: Cambridge University Press, 1991.

ZENONI, A. Clinique du passage a l'acte. In: *L'autre pratique clinique*. Toulouse: Ères, 2009. p. 277-297.

ZENONI, A. L'acting out au regard de l'acte. *Quarto*, Bruxelas, n. 26, p. 30-35, mar. 1987.

Este livro foi composto com tipografia Bembo e impresso em papel Off-White 70 g/m² na Formato Artes Gráficas.